Lothar Schenkelberg

Erhard Stang

ALT-BONN

Auf den ersten Blick

Wartberg Verlag

In dieser Reihe sind auch erschienen:

(1) Bonn – Ein verlorenes Stadtbild

(2) Spaziergang durch das alte Bonn

(3) Bonn – Bewegte Zeiten. Die 50er Jahre

(4) Bonn – Ein Stadtbild im Wandel

Titelfoto: Das Bonner Münster,
aufgenommen um 1908 von Alex Keller.
Fotonachweis: Alle Fotos stammen aus dem Stadtarchiv Bonn.

1. Auflage 2000

Druck: Schreckhase, Spangenberg
Buchbinderische Verarbeitung:

34281 Gudensberg-Gleichen • Im Wiesental 1
Tel. 0 56 03/9 30 50
ISBN: 3-86134-673-7

VORWORT

Auf den ersten Blick erscheinen dem heutigen Leser viele der im vorliegenden Band veröffentlichten Fotos vom altem Bonn fremd und unbekannt. Tatsächlich ist vieles von dem, was uns die alten Bilder zeigen, heute verschwunden. Bei genauerem Hinsehen jedoch wird der aufmerksame Betrachter auf den Fotos vielfach Gebäude entdecken, die noch heute das Stadtbild Bonns prägen und ihm sein charakteristisches Aussehen verleihen. Dazu gehören vor allem sakrale Bauten wie das mittelalterliche Münster, die Stiftskirche oder die Doppelkirche von Schwarzrheindorf, ebenso die repräsentativen Bauten der kurfürstlichen Zeit wie die heutige Universität oder das alte Rathaus. Auf den ersten Blick weniger auffällig sind die zahlreichen privaten Bauten aus der Gründerzeit, die noch heute das Aussehen ganzer Stadtviertel bestimmen.

Daß wir uns heute noch eine Vorstellung davon machen können, wie es um die Jahrhundertwende in der kleinen Universitäts- und Pensionärsstadt Bonn aussah, ist das Verdienst der frühen Bonner Fotografen. Die Arbeiten solcher „Lichtbildner" wie Alex Keller, Joseph Cronenberg, Emil Koch oder Theo Schafganz – um nur einige Namen zu nennen – sind ein lebendiger Ausdruck vom Geist der damaligen Zeit. Der vorliegende Band enthält vor allem Fotos von Carl Schaaf, einem ehemaligen Zeichner, der die Möglichkeiten des neuen Mediums handwerklich wie auch künstlerisch zu nutzen wußte. Geboren im traditionsreichen Rheinviertel, der „Kuhl", war es besonders das Leben der Menschen am Fluß, dem sein Interesse galt. Mit der schweren Kamera und dem klobigen Stativ war Schaaf ständig – sofern es die Lichtverhältnisse gestatteten – unterwegs auf der Suche nach interessanten Motiven. Die technischen Möglichkeiten, insbesondere die langen Belichtungszeiten, ließen noch keine „Schnappschüsse" zu; noch mußte jede Aufnahme sorgfältig arrangiert werden. Dennoch sind Schaaf viele Aufnahmen gelungen, die sich durch ihre Lebendigkeit auszeichnen.

Das Bonner Stadtarchiv, das inzwischen auf 100 Jahre Bestehen im Dienste der Bonner Bürgerschaft zurückblicken kann, hat von Anfang an Fotografien wie die von Carl Schaaf gesammelt. Schon damals hatte man die Bedeutung des neuen Mediums als historische Quelle ersten Ranges erkannt. Inzwischen umfaßt die Fotosammlung des Stadtarchivs mehrere tausend Bilder, die allerdings überwiegend jüngeren Datums sind. Die Zahl der überlieferten Aufnahmen aus den ersten Jahrzehnten der Fotografie ist im Vergleich dazu natürlich eher gering. Autoren und Verlag sind dem Stadtarchiv und seinen Mitarbeitern dafür dankbar, daß es wieder gelungen ist, für das vorliegende Buch zahlreiche Bilder zu beschaffen, die hier zum ersten Mal veröffentlicht werden.

Bonn, im Juni 2000

Lothar Schenkelberg
Erhard Stang

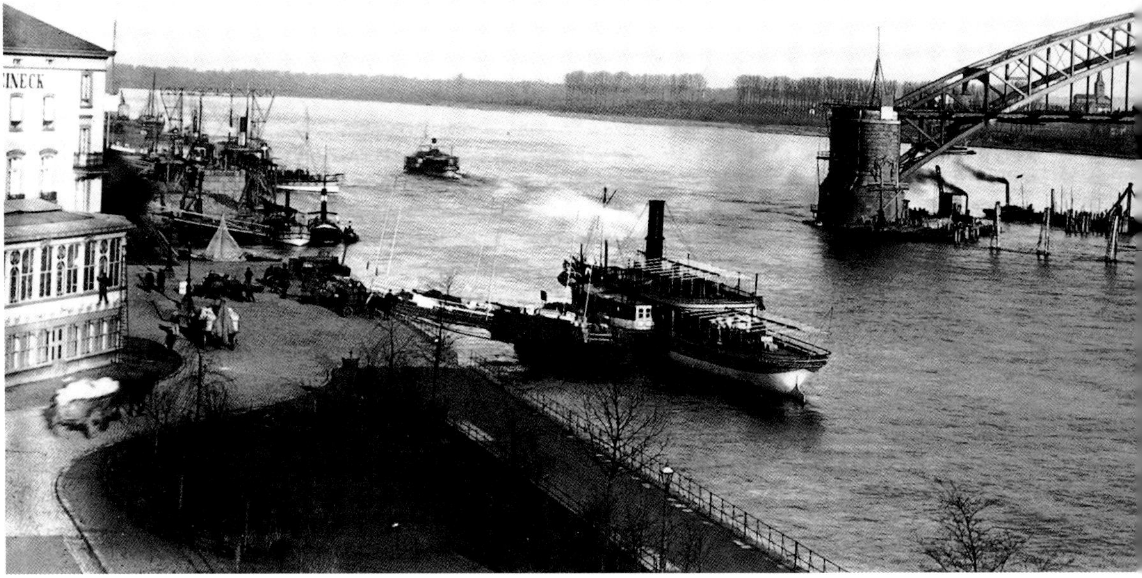

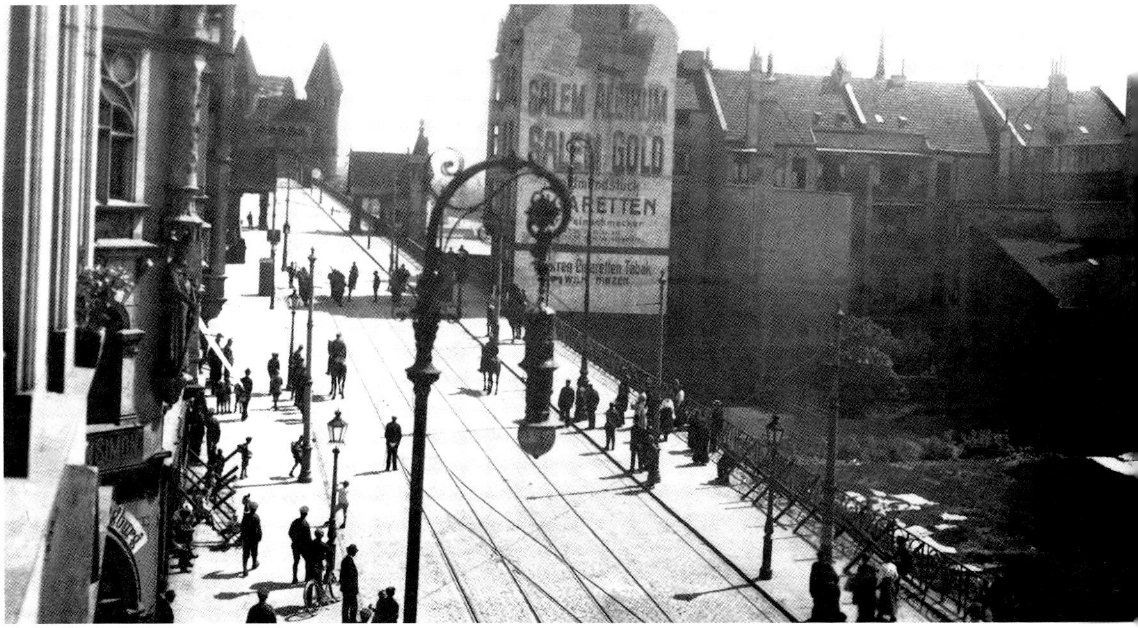
SALEM GOLD

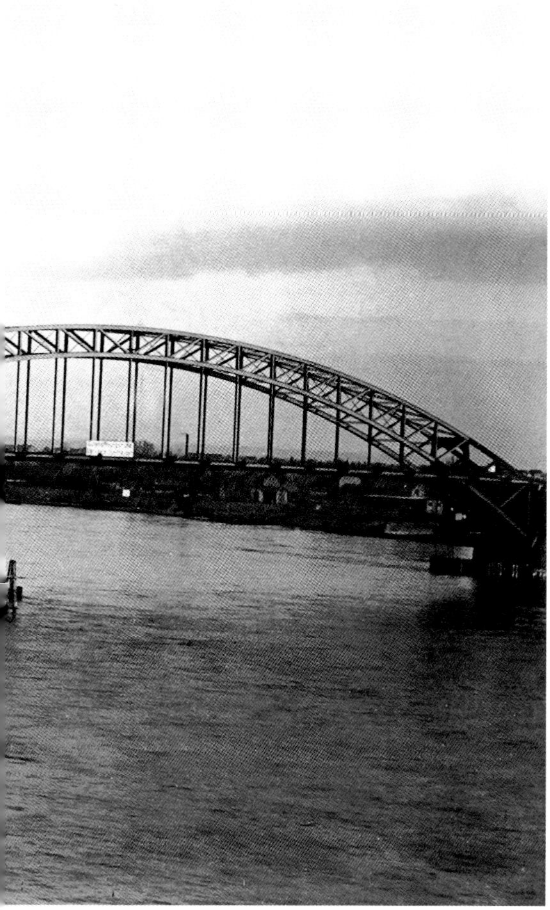

Foto oben: Nach einjähriger Bauzeit überspannt der mächtige eiserne Brückenbogen mit seiner Länge von fast 188 Metern die Flußmitte. Damit ist der schwierigste Teil des kühnen Unternehmens vollendet; nun müssen noch die Strompfeiler mit den Brückenköpfen verbunden werden. Während der Bauarbeiten am Mittelbogen muß der Schiffsverkehr den Weg durch die schmale Fahrrinne zwischen Strompfeiler und Ufer nehmen. Im Bildvordergrund hat ein Ausflugsdampfer am Anlegesteg der „Köln-Düsseldorfer-Dampfschiffahrtsgesellschaft" festgemacht. Im Bildhintergrund ist die Schwarzrheindorfer Doppelkirche auf dem damals nur wenig bebauten Beueler Rheinufer zu sehen.
Mit dem Bau der Rheinbrücke hatte die Stadt Bonn ihr ehrgeizigstes Projekt im ausgehenden 19. Jahrhundert in Angriff genommen. Trotz ungesicherter Finanzierung, war im Vertrauen auf die Wirtschaftlichkeit des Projektes am 15. Oktober 1896 der Grundstein gelegt worden. Die mit der Errichtung des Bauwerkes beauftragte Gutehoffnungshütte aus Oberhausen benötigte etwas mehr als zwei Jahre bis zum Abschluß der Arbeiten.

Foto links: Der 17. Dezember 1898 ist der Tag, auf den alle Bonner seit Monaten gewartet haben: Feierlich wird die Rheinbrücke eingeweiht. Nach einem Festgottesdienst im Münster ziehen am Nachmittag Abordnungen Bonner Vereine und Mitglieder studentischer Korporationen zu der mit Flaggen und Girlanden geschmückten Brücke. Am Ufer hat sich bereits eine unüberschaubare Menschenmenge versammelt. Der offizielle Festakt findet auf dem Hauptportal über dem Bonner Strompfeiler statt. Neben Oberbürgermeister Spiritus nehmen zahlreiche Ehrengäste an der Zeremonie teil, darunter, als Vertreter des Kaiserhauses, Prinz Friedrich Wilhelm sowie Prinzessin und Prinz von Schaumburg. Nach dem Festakt schreiten die Ehrengäste unter dem Jubel der Zuschauer feierlich zum anderen Ufer hinüber, gefolgt von den anderen Festgästen. Damit ist die Brücke für die Allgemeinheit freigegeben.

Foto links außen: Die Bonner Rheinbrücke war nicht nur von großer wirtschaftlicher Bedeutung, sie war auch von großer strategischer Bedeutung. Im Jahre 1919 bewachen britische Besatzungstruppen die Brückenrampe. Entlang der Fahrbahn sind „spanische Reiter" aufgestellt, mit denen im Bedarfsfall die Brücke gesperrt werden kann. Gemäß den Waffenstillstandsbedingungen war die Brücke nach dem Ersten Weltkrieg unbeschädigt den Alliierten übergeben worden. Den Zweiten Weltkrieg sollte die Bonner Rheinbrücke nicht überstehen: Kurz vor dem Einrücken der Amerikaner wurde sie von einem deutschen Kommando gesprengt.

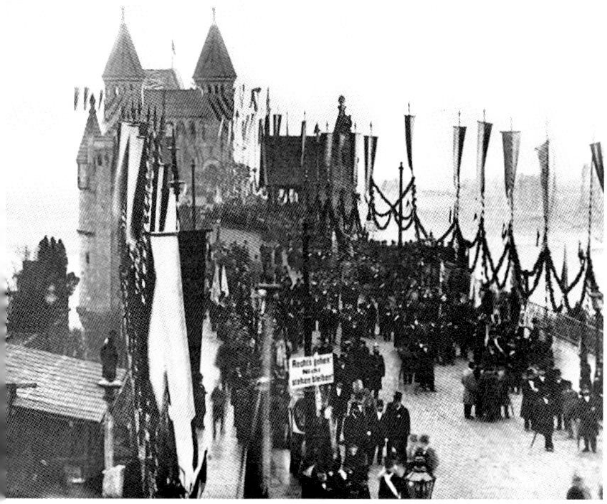

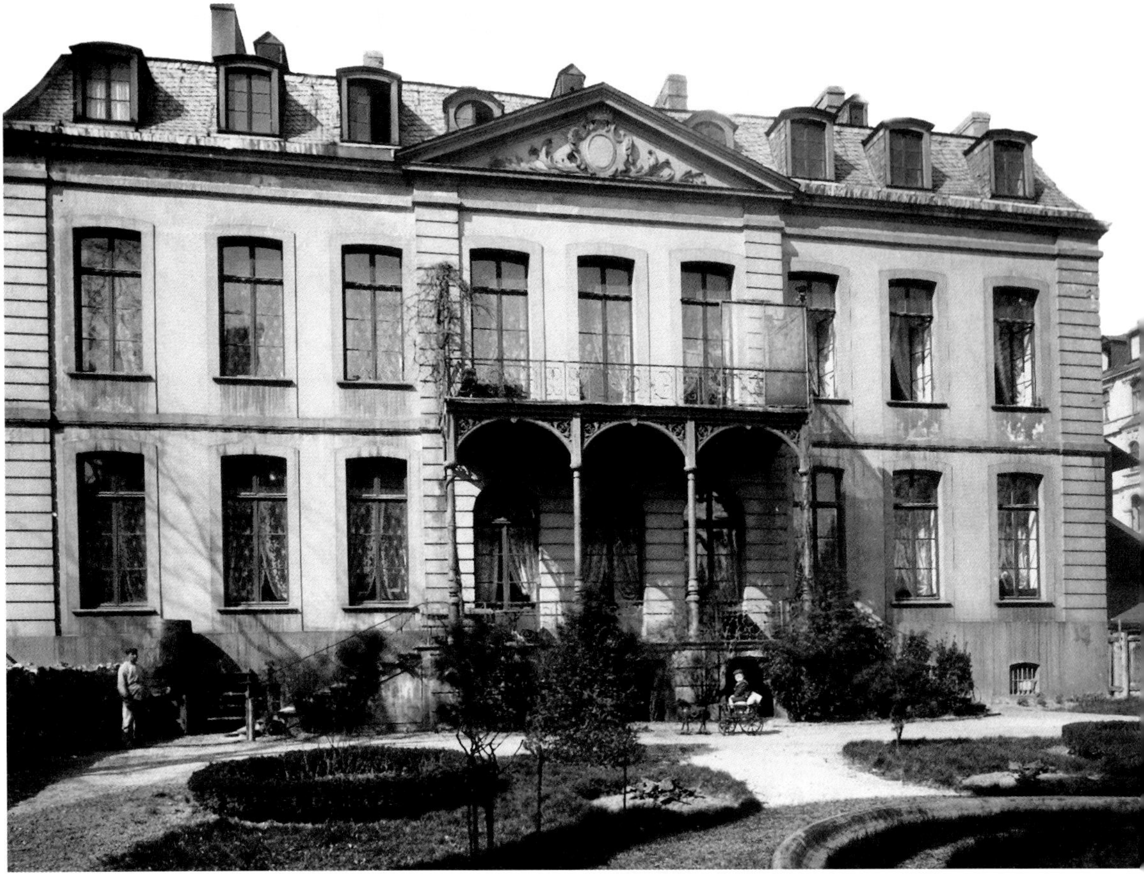

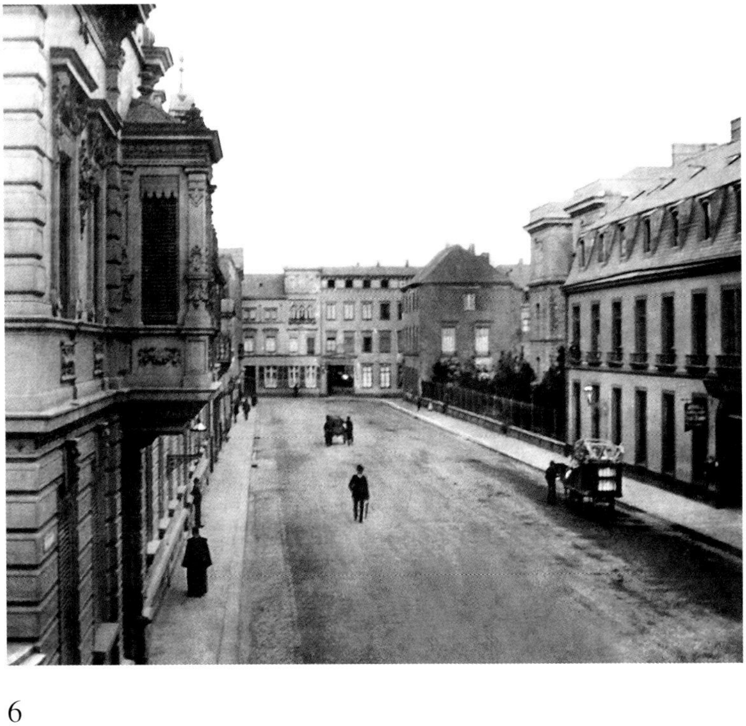

Foto oben: Der Metternicher Hof an de heutigen Doetschstraße ist einer vo mehreren prachtvollen Wohnsitzen an Rhein, die sich Adelige aus dem Umfel des kurfürstlichen Hofes errichten lie ßen. Unter Graf August Wilhelm vo Wolff-Metternich 1756 erbaut, gelang er 1896 in den Besitz des Bonner Spe diteurs Carl Norrenberg. 1906, wenig Jahre nach der Aufnahme, läßt Norren berg das Gebäude abreißen und durc einen Neubau ersetzen.

Foto links: Der Vierecksplatz trug sei nen Namen nach dem kurfürstliche Hofkapellendiener Viereck, der hier al erster zwei Häuser erbauen ließ. Di Aufnahme von Schaaf zeigt den Plat um 1895, kurz vor dem Bau der Rhein

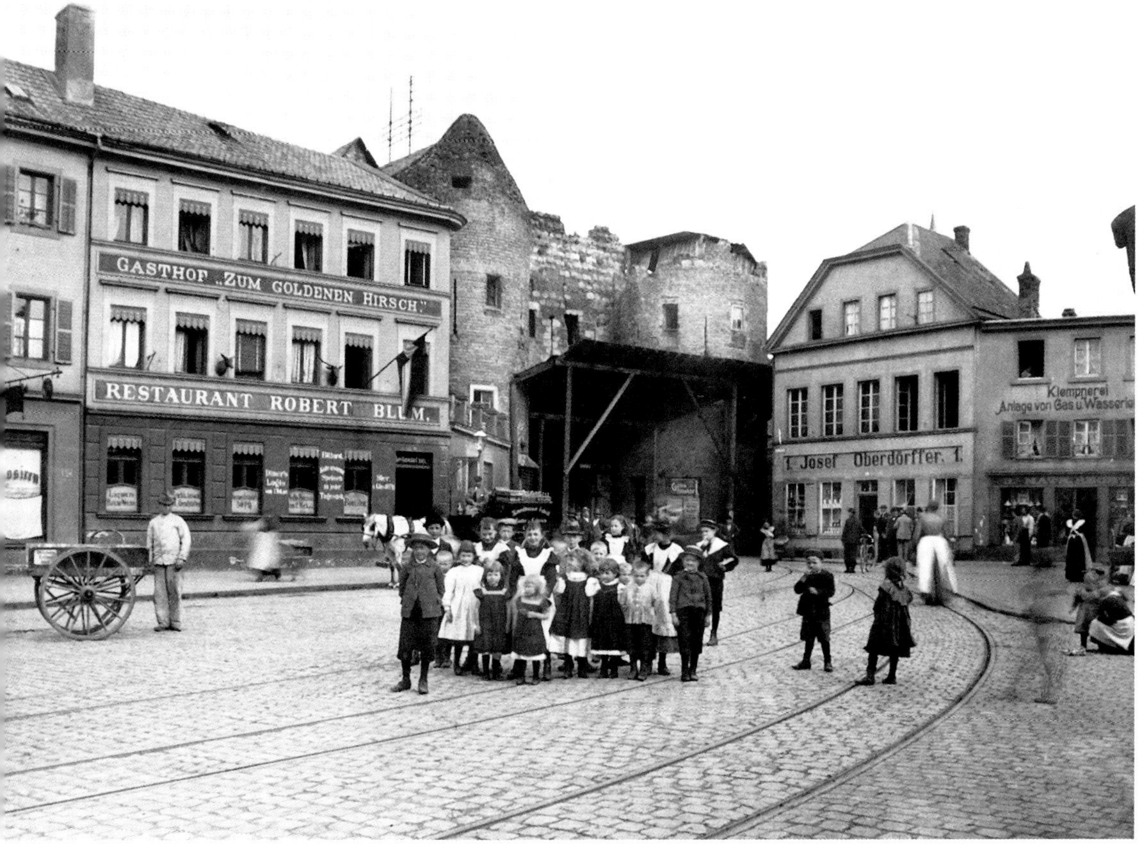

rücke. Auf der linken Seite befindet sich die ursprünglich ls Provisorium erbaute Beethovenhalle, auf der rechten die Realschule. Die Häuser in der Bildmitte werden später beim Bau der Rheinbrücke abgerissen; der Viereckplatz dient als Zufahrt zur Brücke und erhält den Namen Brückenstraße.

Foto oben: Das Sterntor, ehemals Teil der mittelalterlichen Stadtbefestigung, wurde Ende des 19. Jahrhunderts vielfach ur noch als Verkehrshindernis empfunden und sollte daher bgerissen werden. Böse Zungen behaupteten, dies sei vor llem der Wunsch der Husaren gewesen, die sich behindert ühlten, wenn sie von ihrer Kaserne am Friedensplatz mit lingendem Spiel zum Marktplatz ziehen wollten. Bis September 1898 hatte man das Tor vollständig abgetragen; einie Teile davon baute man jedoch in der Vivatsgasse wieder uf, wo sie noch heute zu sehen sind.
Friedensplatz und Sterntor waren ein beliebtes Motiv des Fotografen Carl Schaaf, der hier im Morellschen Haus, damals im Besitz der Kaffeerösterei Josef Oberdörffer, wohnte. Auch dieses Haus sollte in den dreißiger Jahren zur Verbesserung der Verkehrsflusses abgerissen werden. Das Gasthaus „Zum Goldenen Hirsch" blieb bis in unsere Tage erhalten; nach gründlichem Umbau beherbergt das Gebäude heute ein Telekommunikationsunternehmen.

Foto Seite 8/9: Die Aufnahme des Bonner Fotografen Emil Koch vom Marktplatz aus dem Jahr 1891 könnte fast in unseren Tagen entstanden sein, so wenig hat sich scheinbar hier in den letzten 110 Jahren verändert. Das größte Gebäude am Markt war damals noch das alte Rathaus, das zu dieser Zeit fast die gesamte Stadtverwaltung beherbergte. Das Sternhotel präsentiert sich vor seinem Ausbau noch in bescheidener Höhe und überragt kaum die Gebäude seiner Umgebung. Im Vordergrund sind die Gleise der Pferdebahn zu sehen, die im selben Jahr ihren Betrieb aufnahm.

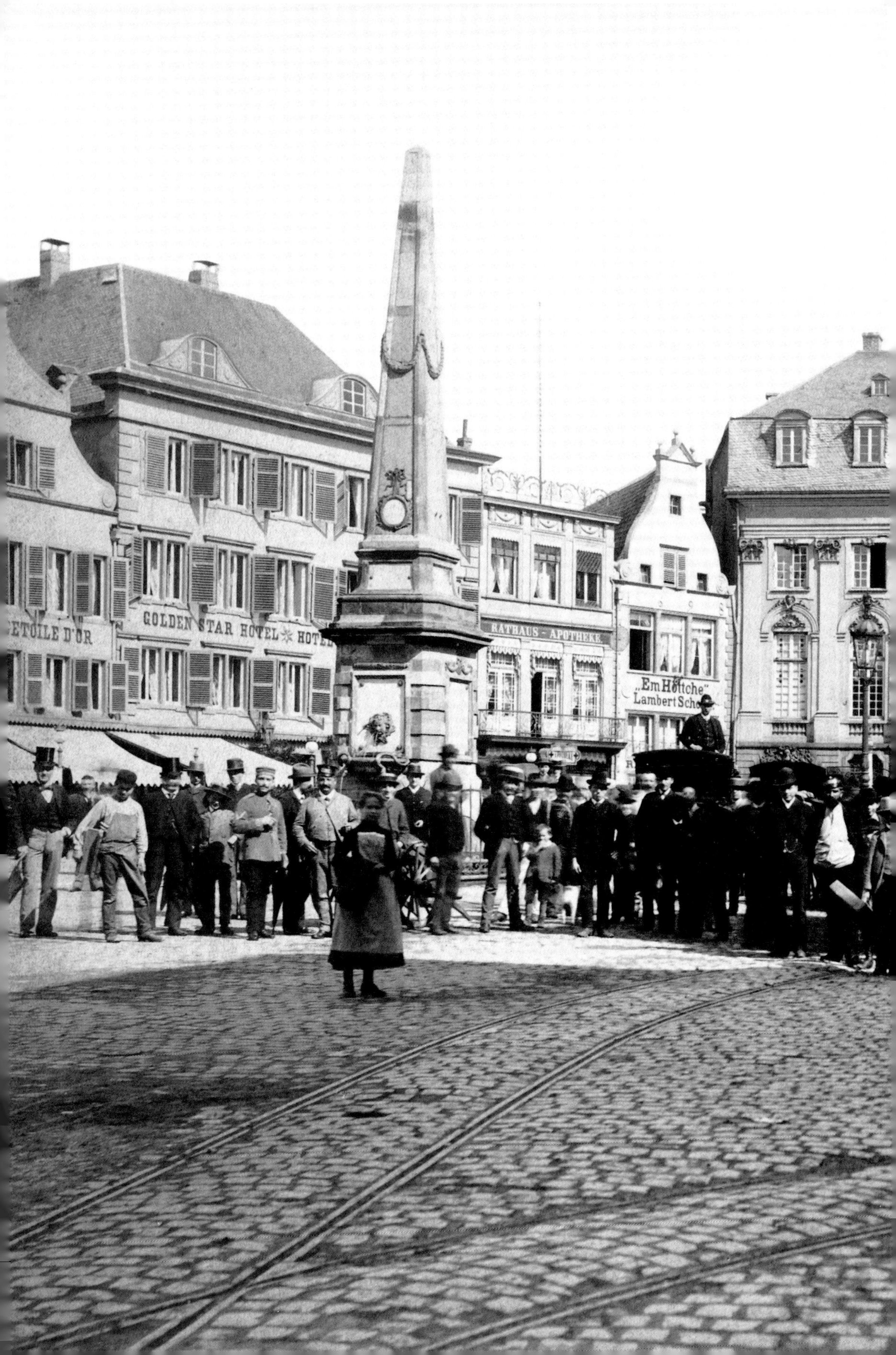
ETOILE D'OR
GOLDEN STAR HOTEL
RATHAUS-APOTHEKE
„Em Höttche"

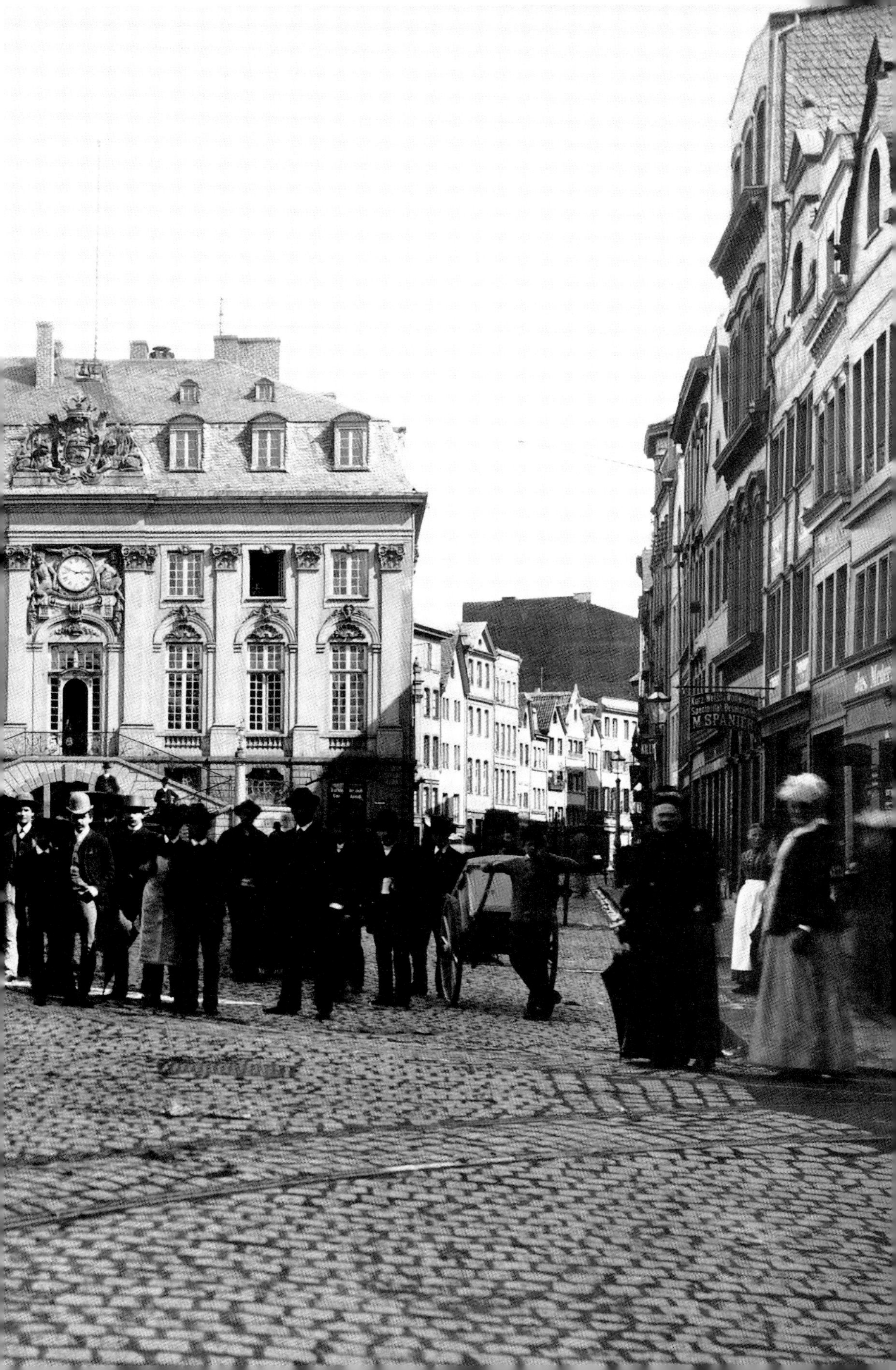
M. SPANIER
Jos. Meyer

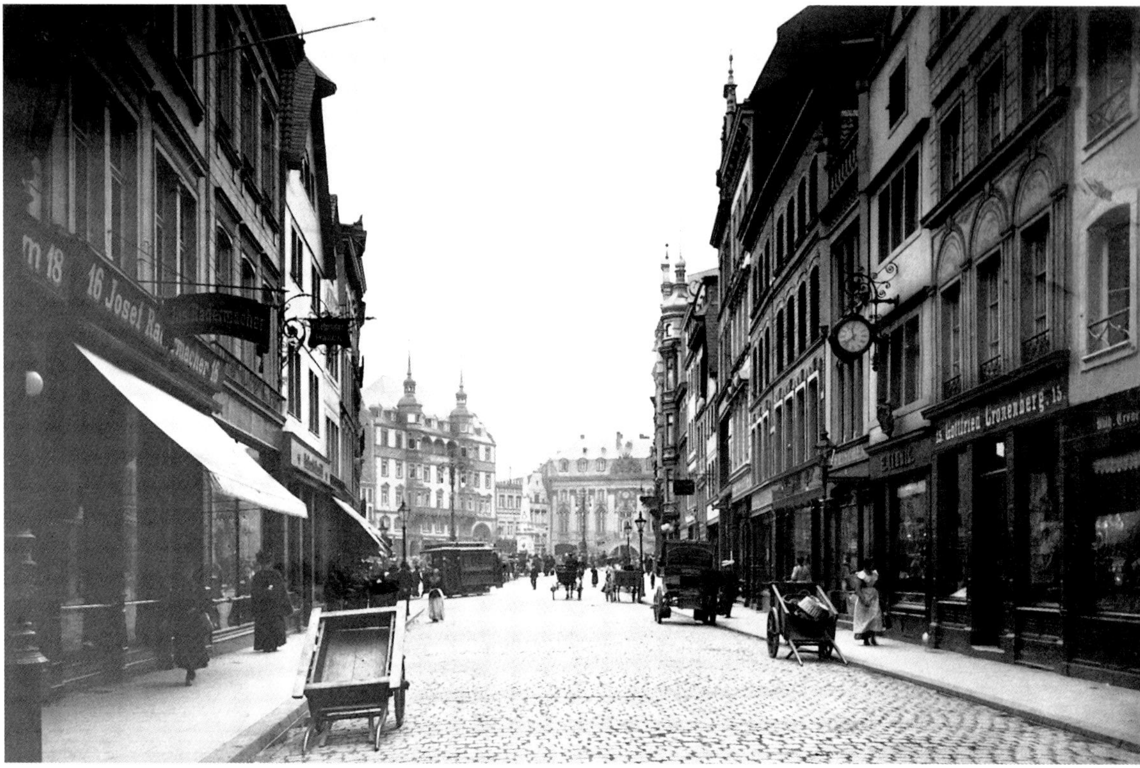
15 Gottfried Cronenberg. 15

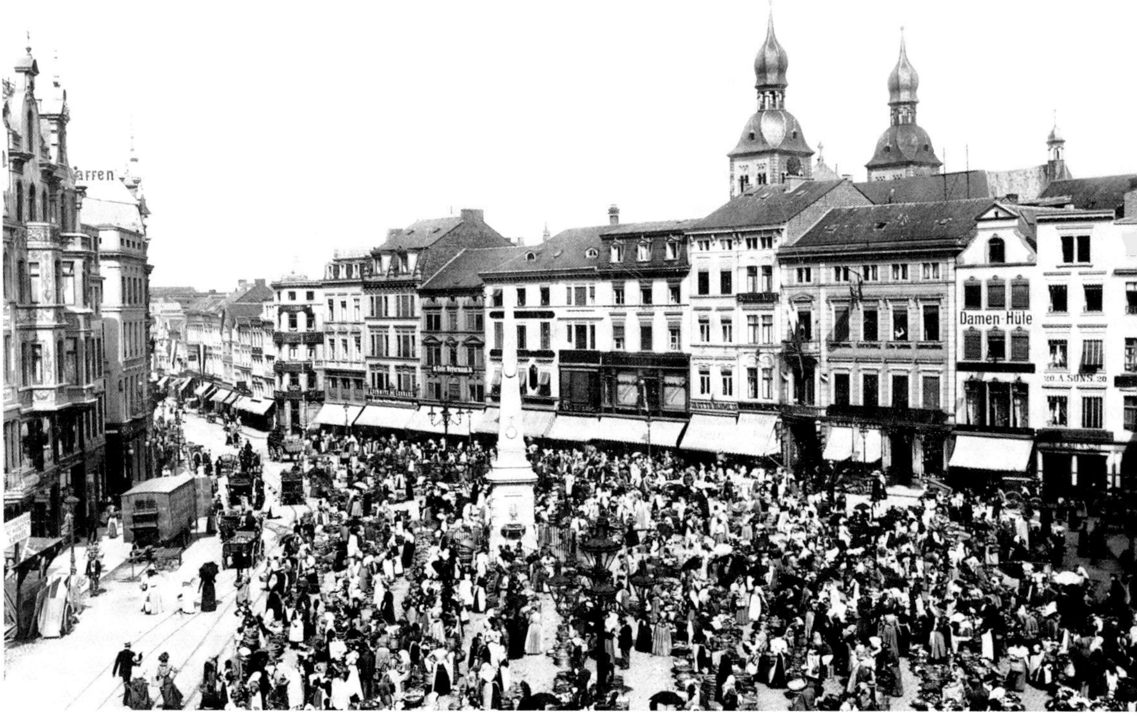

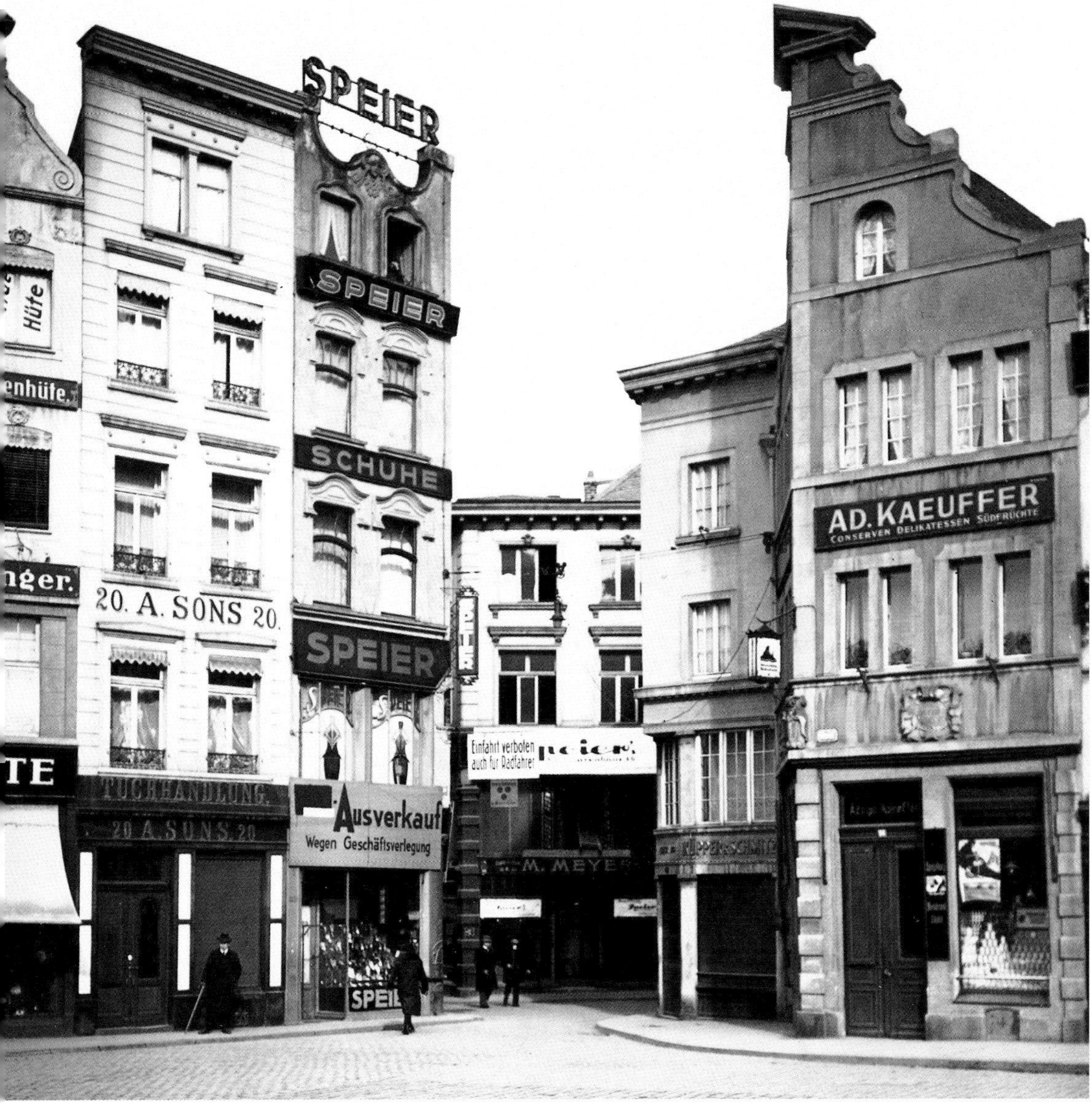

oto links oben: Die Sternstraße, deren Name sich vom la-einischen „pisterna“ für Bäckerei herleitet, ist schon seit al-ers her eine der wichtigsten Geschäfts- und Handelsstraßen Bonns. Im Jahre 1900 hielt der Königliche Lotterieeinneh-ner Joseph Radermacher in der Sternstraße 16 neben ge-vinnversprechenden Losen auch Weißwaren bereit. Gegen-iber im Haus Nr. 17 wartete der Juwelier Wilhelm Cro-enberg auf kaufkräftige Kundschaft, und ein Haus weiter n der Sternstraße 15 verdiente sein Namensvetter Gottfried Cronenberg seinen Lebensunterhalt durch den Verkauf von Kurz- und Wollwaren.

Foto links unten: Obst und Gemüse für das leibliche Wohl erwarben die Bonnerinnen und Bonner um die Jahrhundertwende zumeist auf dem Markt. Noch ganz ohne Marktstände verkauften die Bäuerinnen aus dem Vorgebirge ihre Produkte an die Stadtbewohner.

Foto oben: Der Eingang Wenzelgasse/Brüdergasse vor dem Abriß des Schuhgeschäfts Speier 1927.

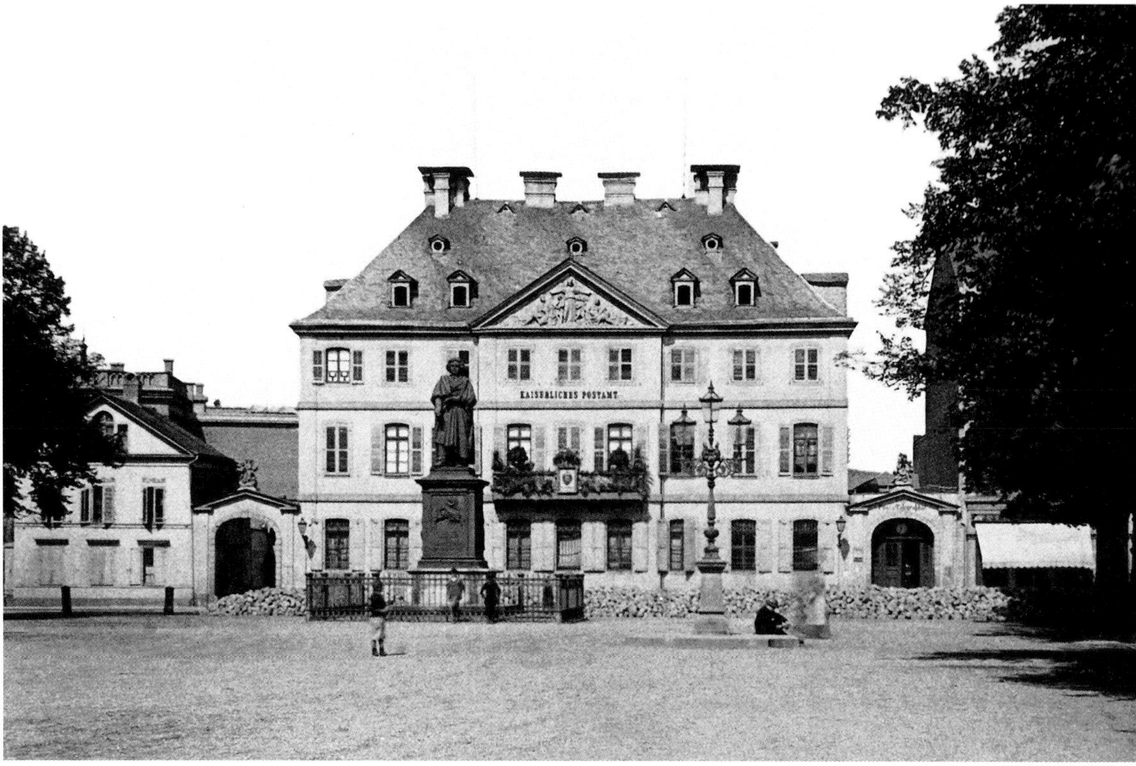
KAISERLICHES POSTAMT

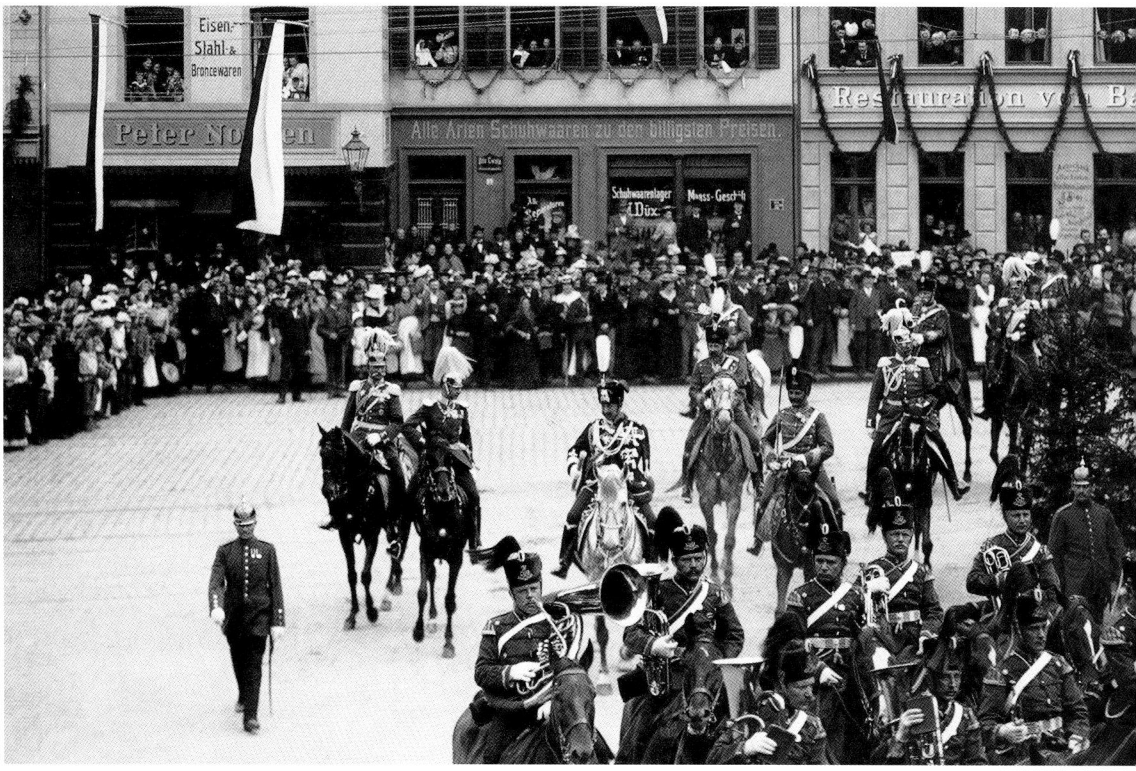
Eisen-
Stahl- &
Broncewaren
Alle Arten Schuhwaaren zu den billigsten Preisen.
Schuhwaarenlager
Maass-Geschäft
Restauration von B

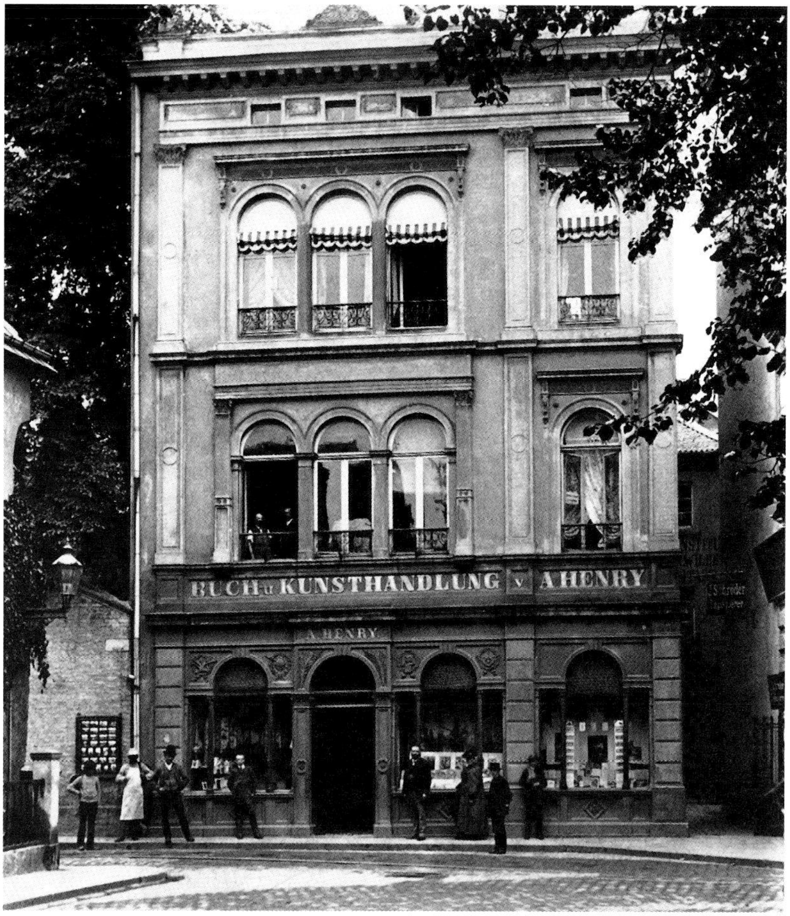

Foto links oben: Die Steine liegen 1887 vor dem Kaiserlichen Postamt schon bereit, aber noch schaut Beethoven auf einen ungepflasterten Münsterplatz. Seit 1876 beherbergt das ehemalige Palais des Stiftsdechanten Radermacher die Hauptpost. Am rechten Bildrand ist die Jagdeffecten-Handlung des Hofbüchsenmachers Johann Jacob Reeb zu erkennen.

Foto links unten: Kaiserbesuche sind um die Jahrhundertwende nichts Ungewöhnliches für Bonn. Trotzdem drängeln sich die Bonner auf dem Münsterplatz, um den Kaiser zu sehen. Die Aufnahme aus dem Jahr 1904 zeigt Wilhelm II. nach einer Paradeaufstellung des Husarenregiments Nr. 7 im Hofgarten vor dem Restaurant Badenheuer auf dem Münsterplatz. Links neben Wilhelm II. reitet Kronprinz Wilhelm von Preußen, rechts vom Kaiser, mit gezogenem Säbel, der Regimentskommandeur der Königshusaren, Oberst von Herzberg.

Foto oben: Im Haus Münsterplatz 6, in dem sein Großvater Aimé Henry eine Buch- und Kunsthandlung betreibt, wird am 20. Juni 1876 der bekannte Stadtverordnete und einflußreiche Zentrumspolitiker Johannes Henry geboren.

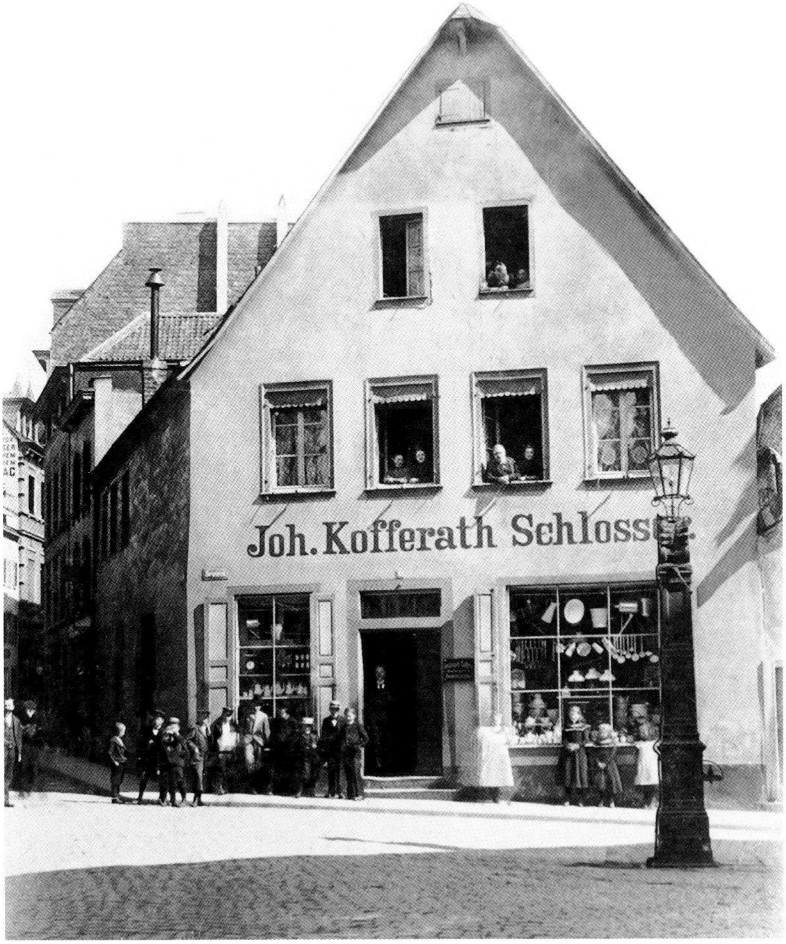

Foto oben: An dem kleinen Platz, an dem Acherstraße, Mauspfad und Münsterplatz zusammentreffen und der seiner Form nach „Dreieck" genannt wird, gründete 1857 der aus Heinsberg stammende Schlossermeister Johann Kofferath seine Schlosserei mit angeschlossenem Eisenwarengeschäft. Bis 1902 war das Haus Dreieck 4, an der Ecke zur Acherstraße, das Stammhaus der angesehenen Schlosserfamilie Kofferath. Dann fällt es, obwohl unter Denkmalschutz stehend, der Spitzhacke zum Opfer.

Foto rechts: Eines der wenigen Gebäude, das die Belagerung und Beschießung Bonns im Jahre 1689 durch brandenburgische und niederländische Truppen unbeschadet überstanden hat, ist das Haus Dreieck 2. Ebenso wie das benachbarte Haus Nr. 4, gehörte es jahrhundertelang dem Münsterstift und wurde von Personen geistlichen Standes bewohnt. Erst im Zuge der Säkularisation gelangte es in Privatbesitz. 1871 erwarb der Bäckermeister Balthasar Hubert Mirgel das Gebäude.

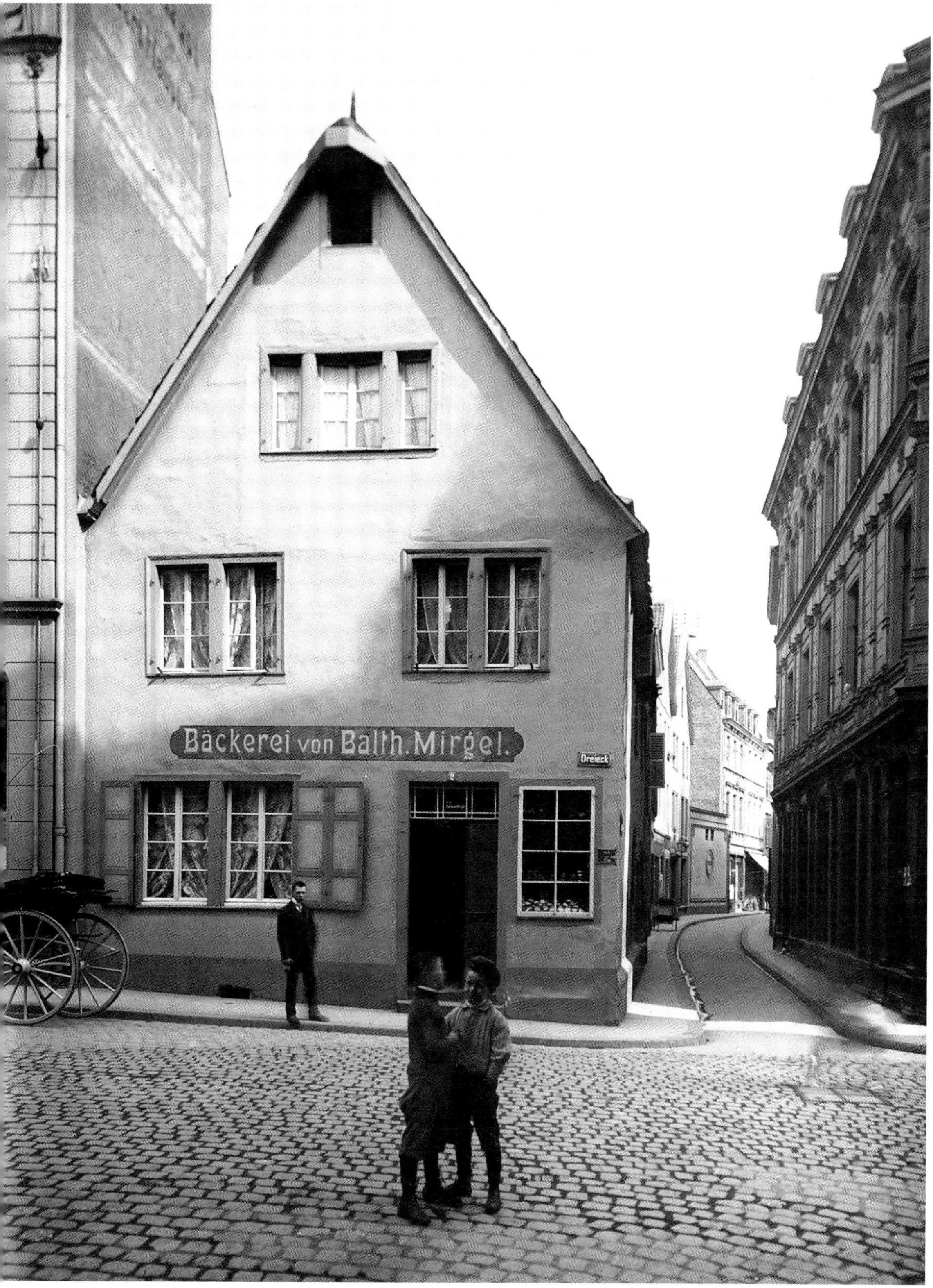
Bäckerei von Balth. Mirgel.
Dreieck

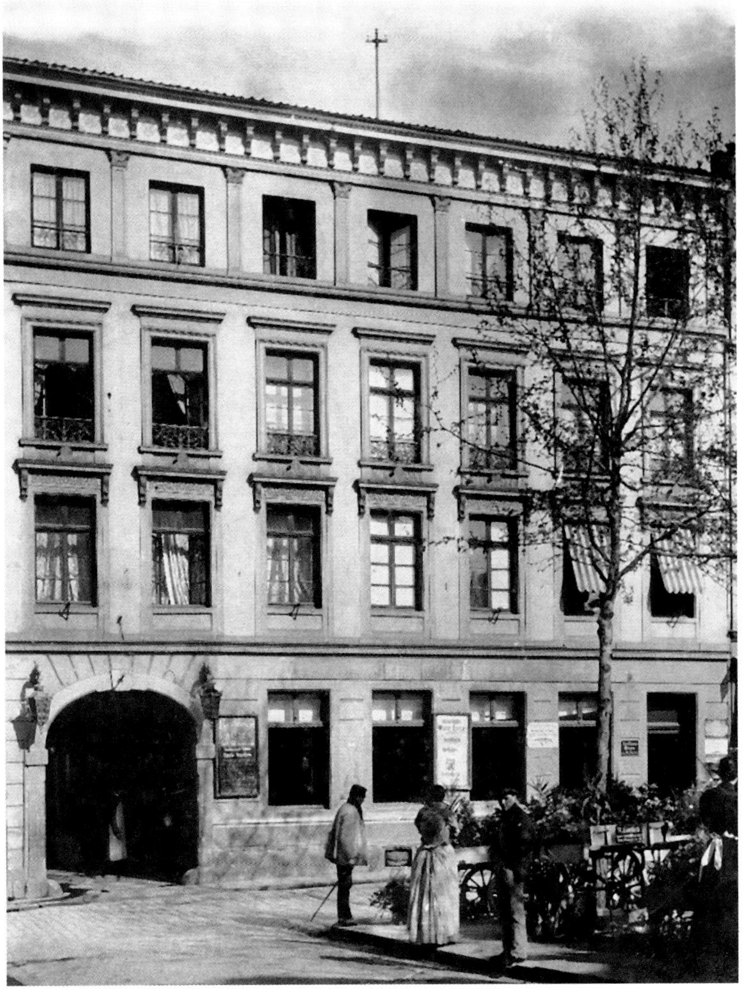

Foto oben: Bereits 1884 wurde auf dem Römerplatz regelmäßig ein Blumenmarkt abgehalten. Im gegenüber liegenden Haus Remigiusstraße 8 befand sich bis zum Ende des Jahrhunderts die Restauration von Peter Carl Schimmel, das Gasthaus „Zum Römer". Nachdem die Remigiusstraße sich immer mehr zur Einkaufsstraße entwickelte, eröffneten hier die Geschwister Cahn ihr Textilkaufhaus. Bis vor wenigen Jahren befand sich hier die „Kaufhalle".

Foto rechts oben: Seit 1871 war die in Bonn erscheinende „Deutsche Reichszeitung" das Zentralorgan des rheinischen Katholizismus und fand – vor allem während des Kulturkampfes – weit über Bonn hinaus große Beachtung. In dem in der Sürst gelegenen Verlagsgebäude erschienen auch die Bonner Lokalblätter „Bonner Volkszeitung" und „Bonner Stadtanzeiger", die später mit der „Reichszeitung" fusionierten. Auf dem etwa um 1885 entstandenen Bild ist links der Herausgeber, Schriftsteller und Politiker Carl Hauptmann zu sehen. Die gesamte Häuserzeile wurde um die Jahrhundertwende abgerissen und durch moderne Geschäftshäuser ersetzt.

Foto rechts unten: Die um 1900 entstandene Aufnahme zeigt Kaiserplatz, Neutor und Münster.

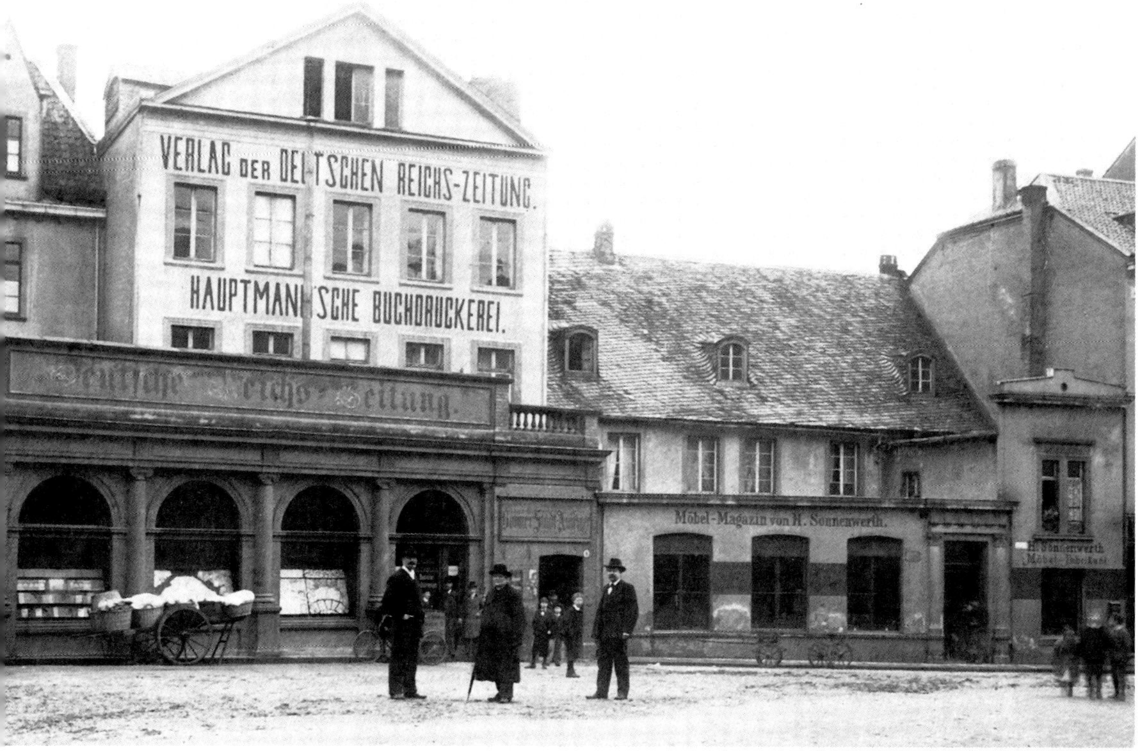
VERLAG DER DEUTSCHEN REICHS-ZEITUNG.
HAUPTMANN'SCHE BUCHDRUCKEREI.
Deutsche Reichs-Zeitung.
Möbel-Magazin von H. Sonnenwerth.

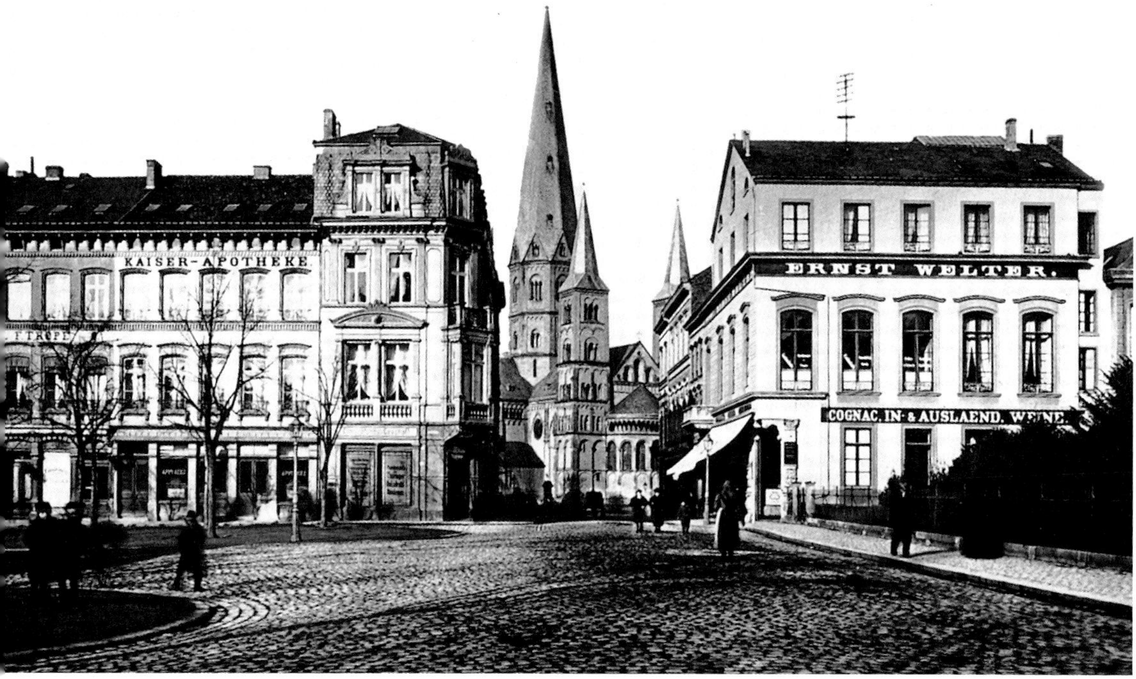
KAISER-APOTHEKE
ERNST WELTER.
COGNAC, IN- & AUSLAEND. WEINE

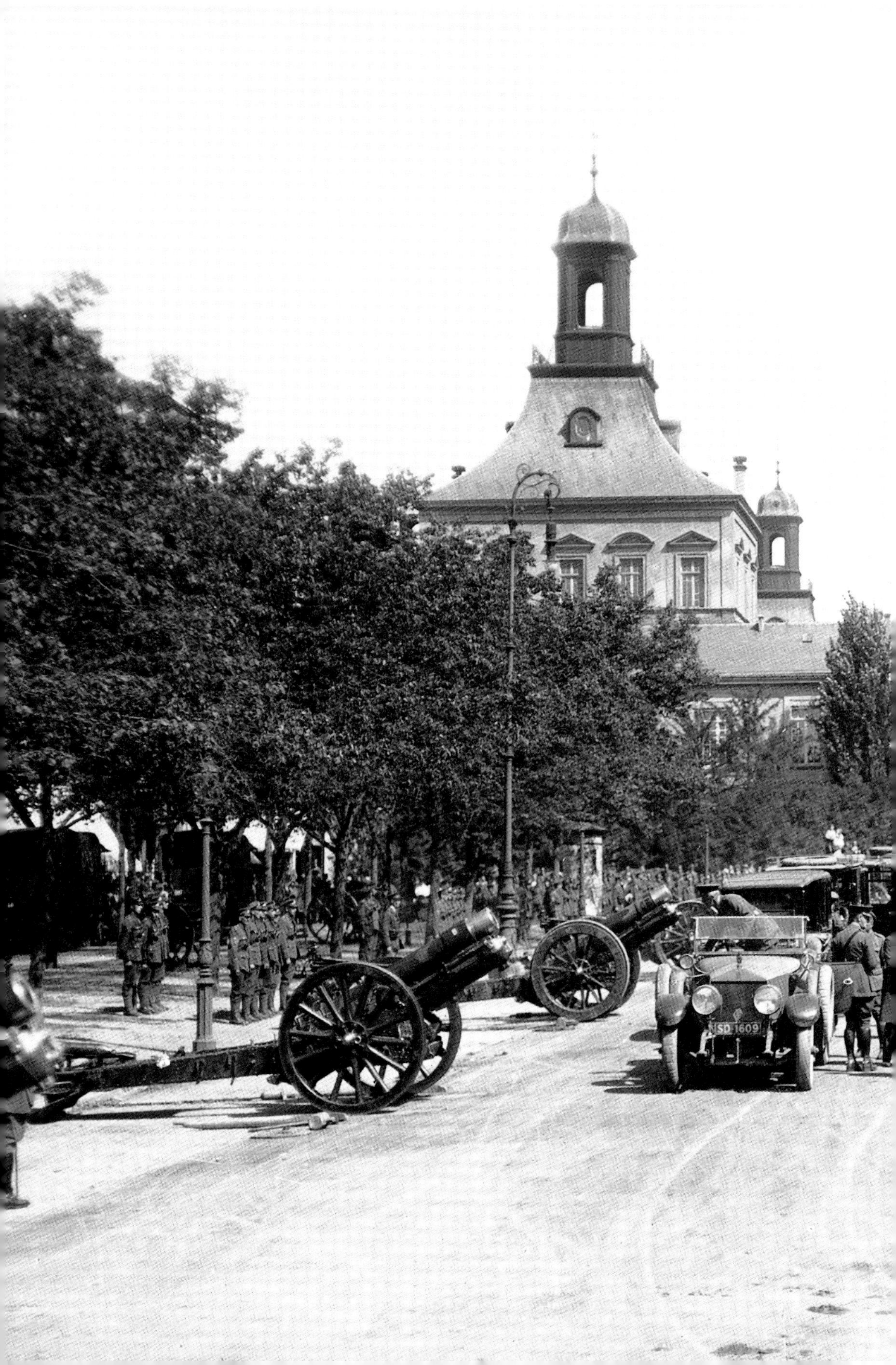
SD 1609

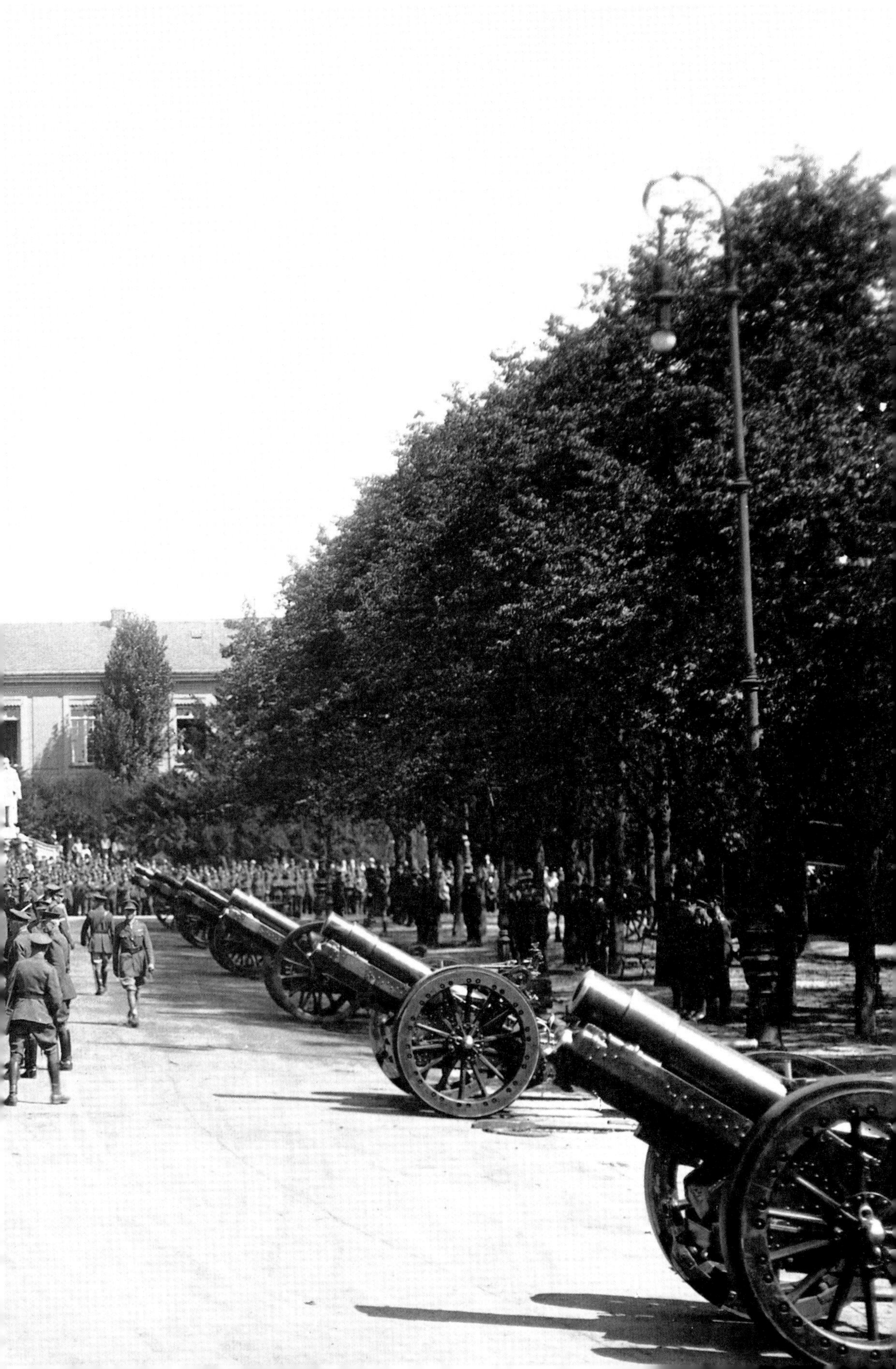

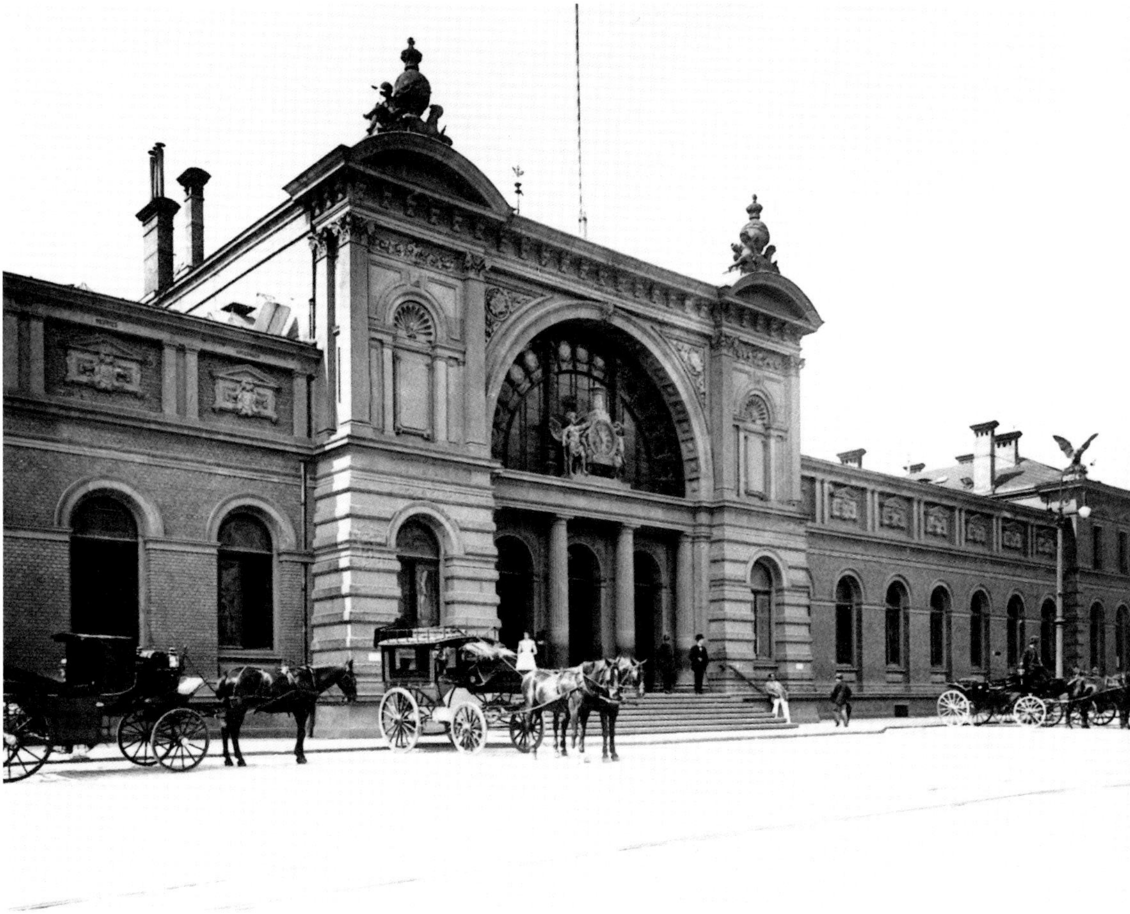

Foto oben: Um die Jahrhundertwende warten vor dem Eingangsportal des Bonner Hauptbahnhofes die Kutscher auf ihre Fahrgäste. Von der hektischen Betriebsamkeit späterer Jahre ist die Bahnhofsstraße noch weit entfernt.

Foto rechts: Der Rheinuferbahnhof, bis zum Bau der Autounterführung direkt hinter dem Hauptbahnhof gelegen, und das Hansaeck waren Zentren des Regionalverkehrs.

Foto ganz rechts: Die erst 1910 angelegte Gangolfstraße verbindet direkt Bahnhof und Münsterplatz.

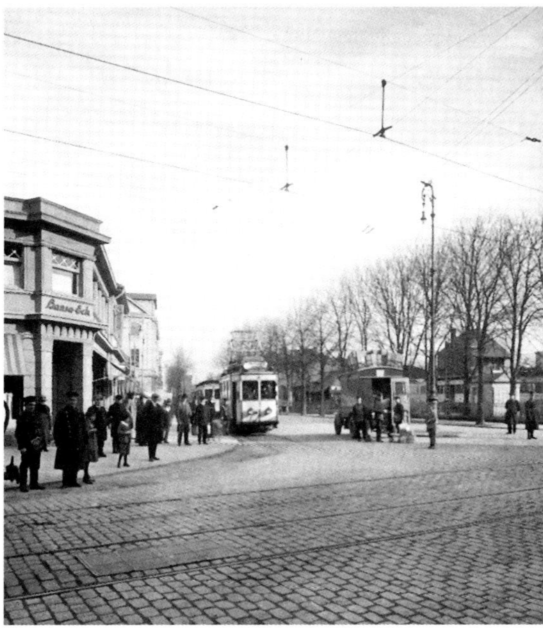

Foto Seite 18/19: Im Sommer 1919 besucht der britische Premierminister David Lloyd George Bonn. Zu seinem Empfang haben britische Besatzungstruppen auf dem Kaiserplatz Aufstellung genommen.

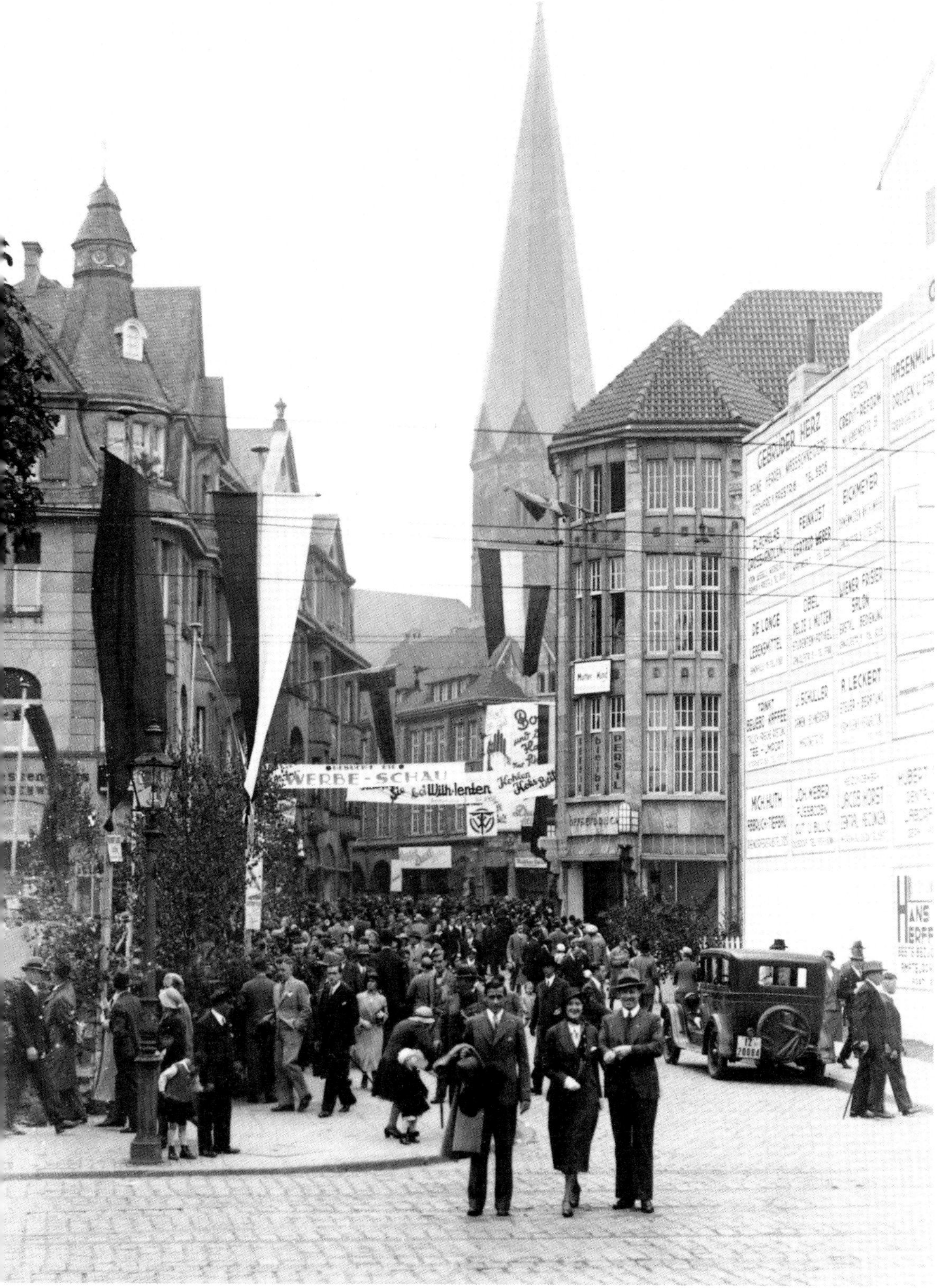
WERBE-SCHAU
GEBRÜDER HERZ
EICKMEYER
FEINKOST
DE LONGE
LEBENSMITTEL
WIENER FRISIER SALON
A. LECKERT
MICH. HUTH
JOH. WEBER
JACOB HORST
bleibt
PERSIL

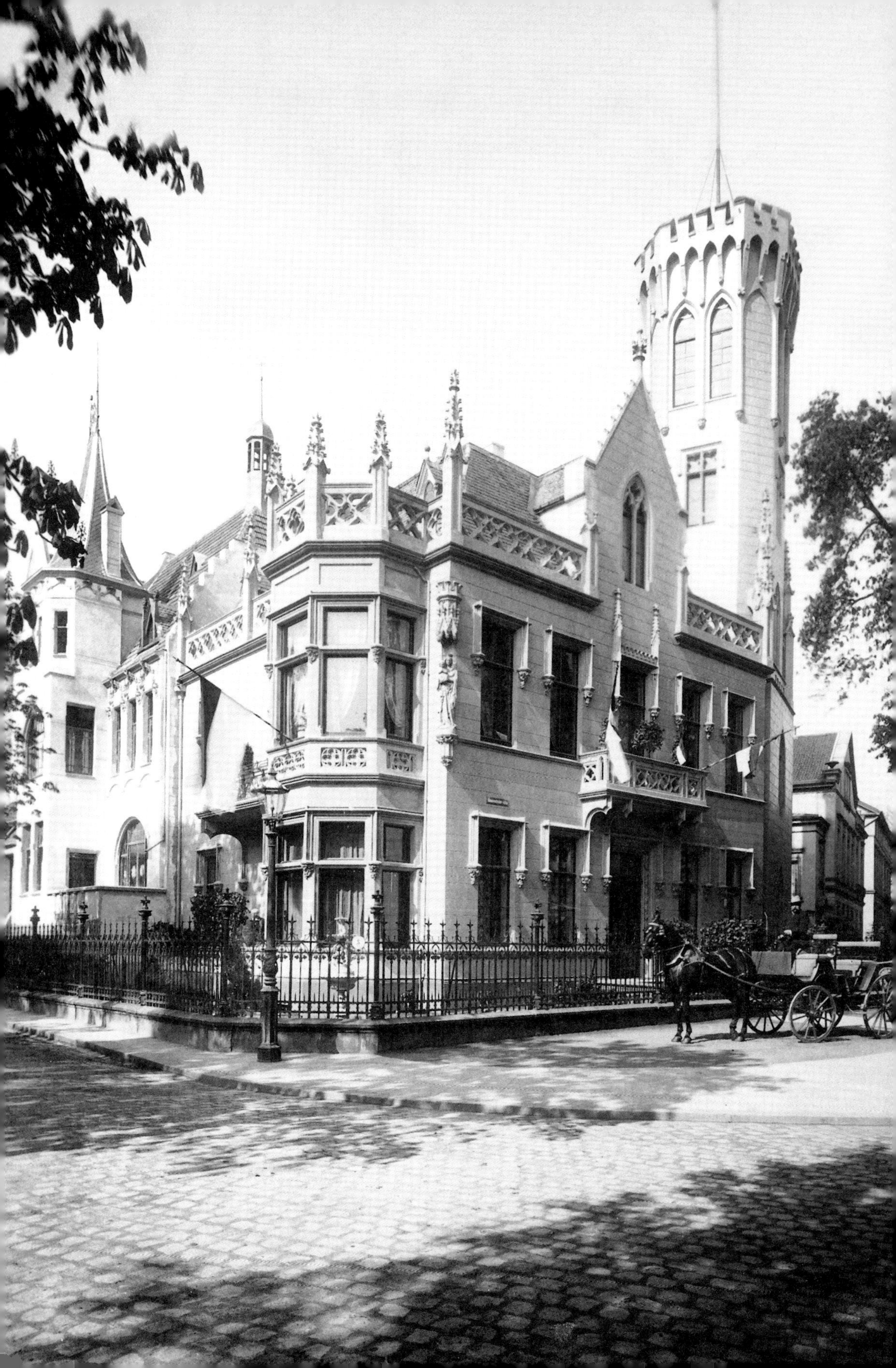

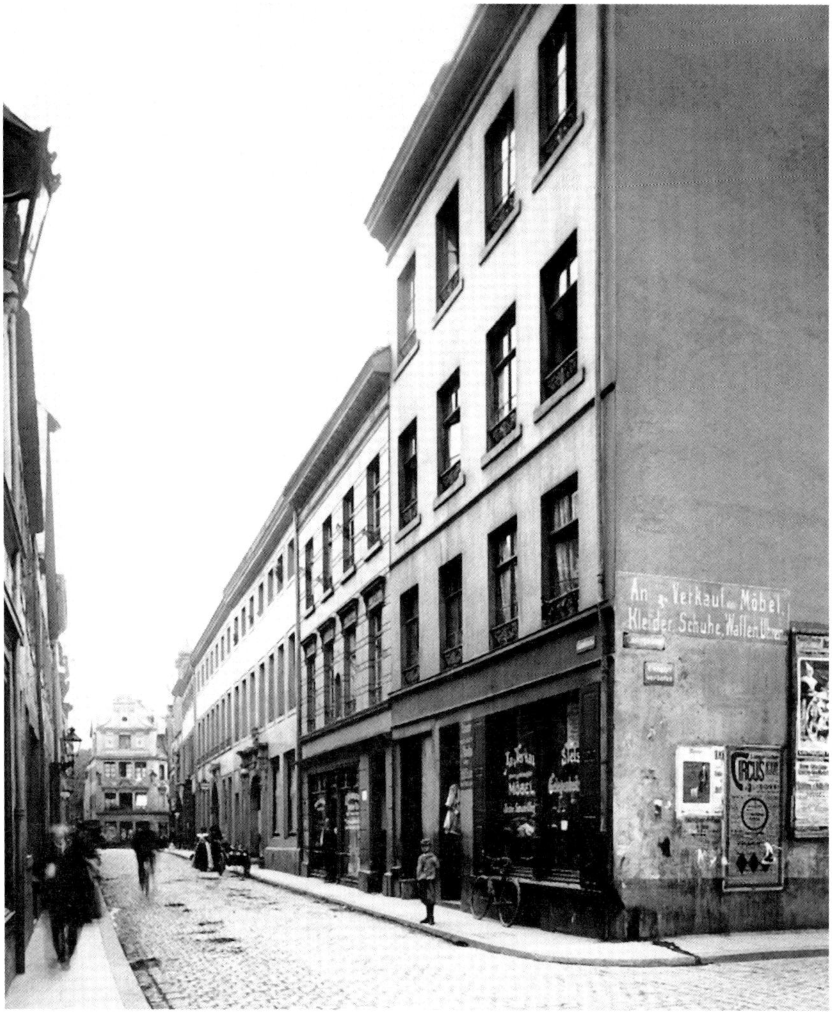

Foto links: Im der zweiten Hälfte des 19. Jahrhunderts entstanden vor allem im Bonner Süden prachtvolle Wohnsitze für das wohlhabende Bürgertum. Eine der bevorzugten Wohngegenden war (und ist) die Poppelsdorfer Allee. An der Ecke zur Baumschulallee ließ der Wasserwerksbesitzer Johann Arenz eine Villa mit Zinnen und Türmchen ganz im Stil der damals überaus populären Rheinromantik errichten. Das „Arenzsche Schlößchen" wurde 1910, wenige Jahre nach Entstehung des Bildes, abgerissen, um Platz für den Bau des Gesellschaftshauses einer studentischen Korporation zu schaffen.

Foto oben: Die weniger bemittelten Schichten lebten vornehmlich im Bonner Norden. In der Sandkaule (auf dem Bild ist der Bereich zwischen Langgasse und Wenzelgasse zu sehen) wohnten vor allem Handwerker, Arbeiter und kleine Geschäftsinhaber. Zum Rhein hin schloß sich das eigentliche Wohnviertel der armen Leute, die „Kuhl", an. Sämtliche Gebäude auf dem Bild existieren heute nicht mehr. Sie wurden entweder im Bombenkrieg zerstört oder bei der Anlage der Nord-Süd- und der West-Ost-Verbindung abgerissen.

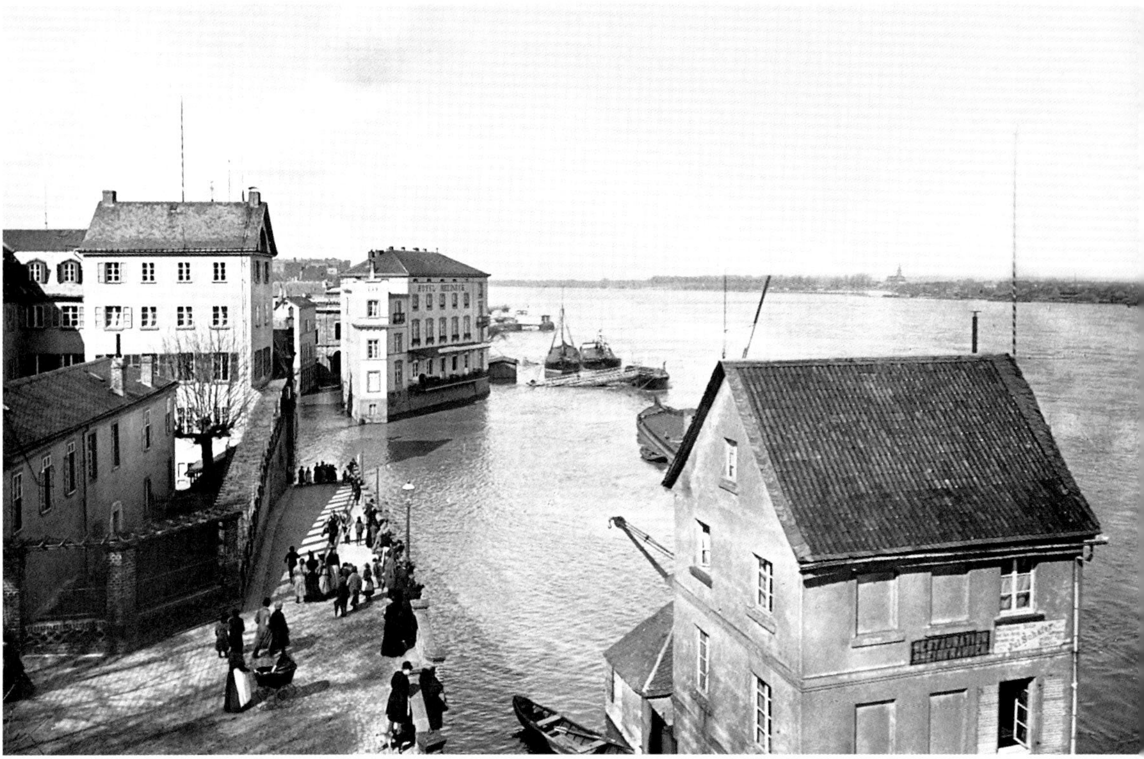

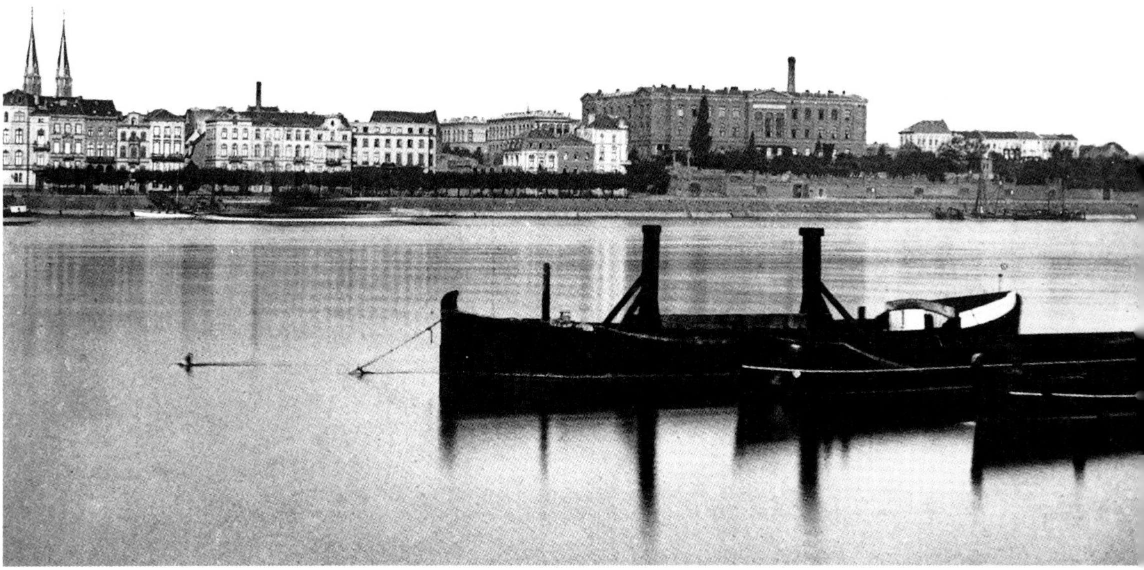

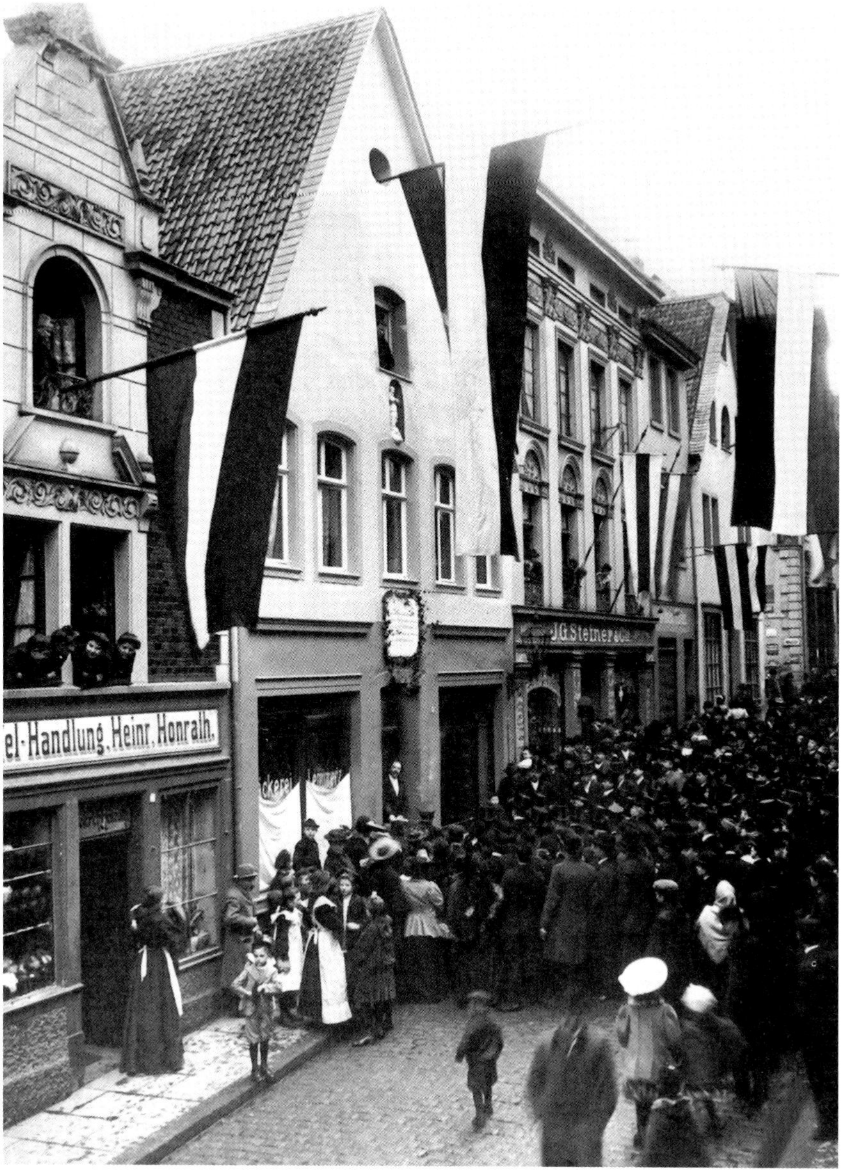

Foto links oben: Der Fotograf Carl Schaaf war nicht der einzige Schaulustige, den das Hochwasser Anfang der neunziger Jahre des 19. Jahrhunderts zum Alten Zoll lockte. Im Vordergrund hatten die Rheinfluten den alten Rheinkran und die Weinschenke „Zum Rheinkran“ bereits erreicht; auch das Hotel „Rheineck“ ließ sich nicht mehr trokkenen Fußes erreichen.

Foto links unten: 1888 entstand diese Aufnahme vom nördlichen Rheinufer. Links im Bild sieht man die Türme der soeben fertiggestellten neuen Stiftskirche, rechts die im Weltkrieg völlig zerstörte Universitäts-Frauenklinik

Foto oben: Am 13.1.1907 wurde am Geburtshaus von Johanna Kinkel in der Josephstraße 13 von Oberbürgermeister Spiritus eine Gedenktafel für die Dichterin enthüllt. Mehrere Gesangsvereine nahmen an der Feierstunde teil und unterhielten die Festgäste mit rheinischem Liedgut. Wie die meisten Häuser im alten Rheinviertel wurde auch Johanna Kinkels Geburtshaus beim großen Bombenangriff im Oktober 1944 vollständig in Trümmer gelegt.

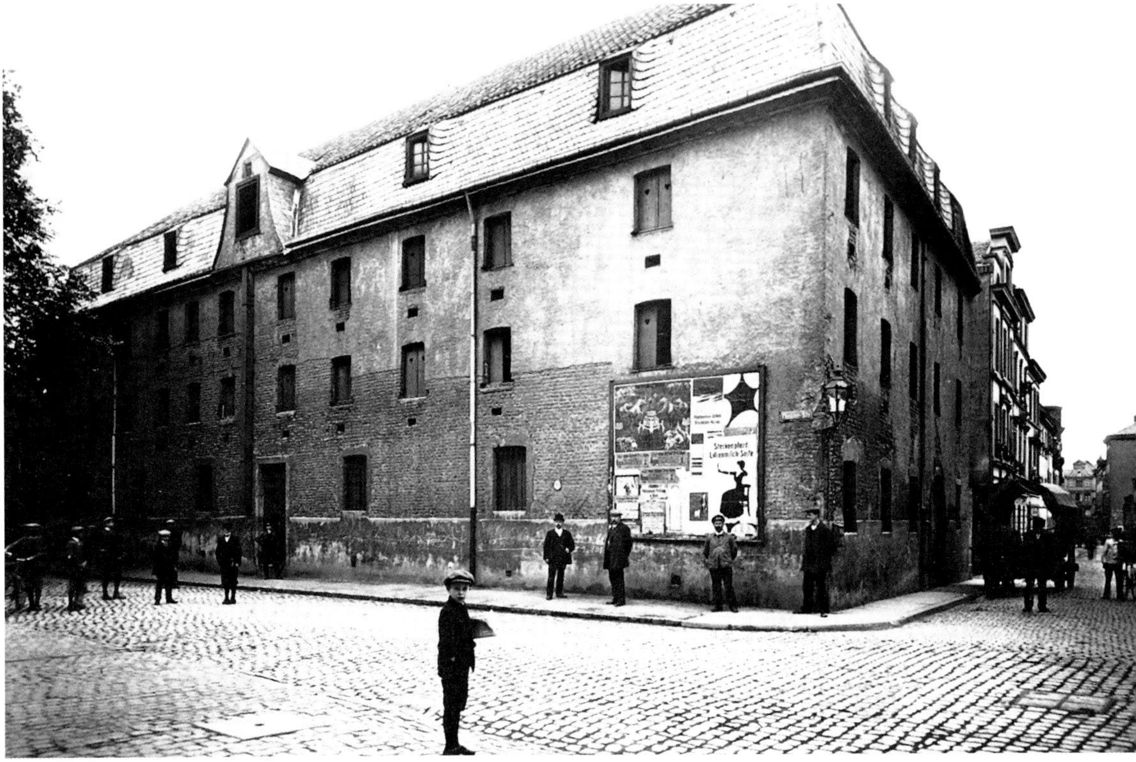
Steckenpferd
Lilienmilch Seife

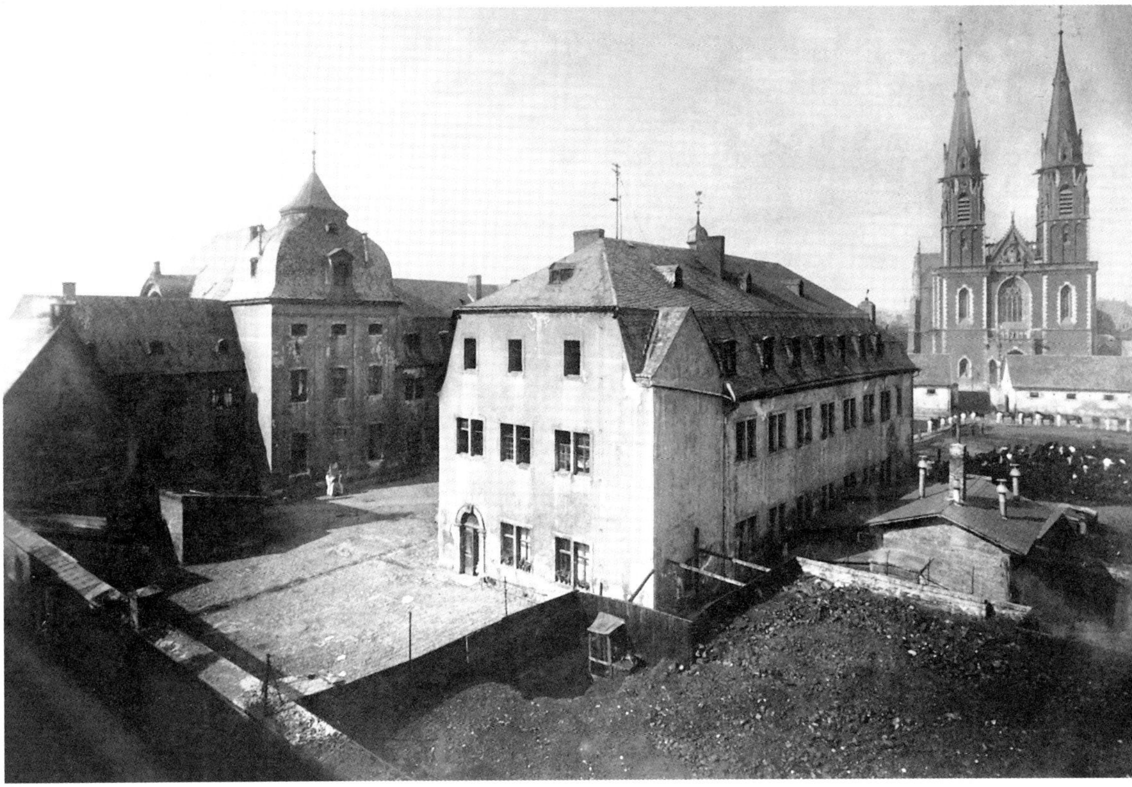

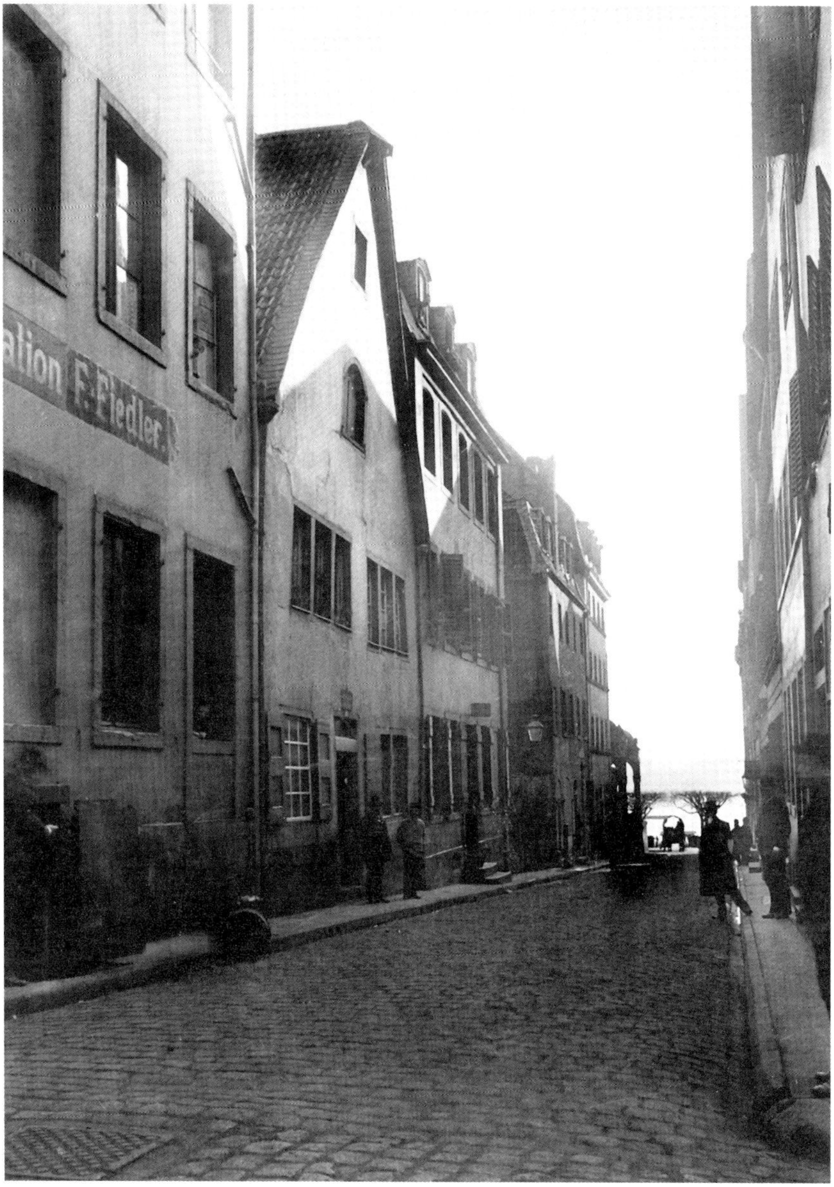

Foto links oben: Das alte Proviantamt der Bonner Königshusaren an der Ecke Theaterstraße/Welschnonnenstraße war ursprünglich ein Teil des Hatzfelder Hofes. Hier stapelten die Bonner Husaren bis 1918 ihre Vorräte. 1922 wurde das Proviantamt abgerissen, und an seiner Stelle entstand 1925 das Hygienische Institut.

Foto links unten: Im Jahr 1907, kurz vor ihrem Abriß, fotografierte Carl Schaaf die Gebäude der Welschnonnenkaserne. 1818 hatten die Franzosen das ehemalige Welschnonnenkloster zu einer Kavalleriekaserne umgebaut. 1909 erwarb die Stadt Bonn die Gebäude und ließ ein Jahr später auf dem Gelände den Stiftsplatz anlegen.

Foto oben: Ansicht der zum Rhein führenden Tempelstraße, der früheren Judengasse, von der Doetschstraße bis zum Rheinwerft. Am Ende der linken Häuserreihe ist die Vorhalle der Synagoge zu erkennen.

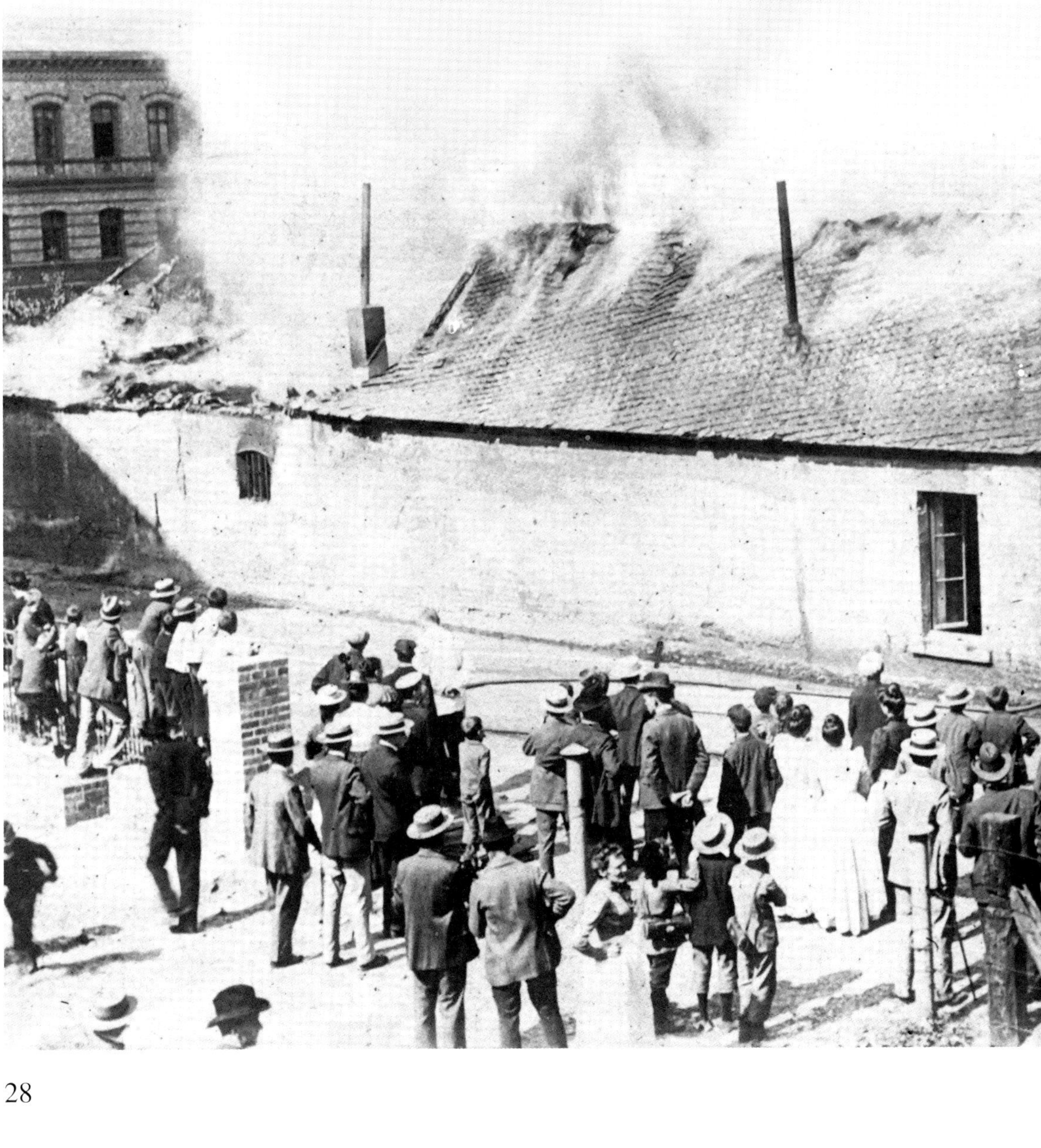

Am 23. August 1901 wurde die Freiwillige Feuerwehr in den Katzenburgweg nach Poppelsdorf gerufen. Nahe beim landwirtschaftlichen Institut brannte das ehemalige kurfürstliche Schweizereigebäude. Die Feuerwehr war schnell zur Stelle, und schon nach einer Stunde gelang es, das Feuer zu löschen. Das schon lange unbewohnte und baufällige Gebäude war aber nicht mehr zu retten.
Schnell hatte sich der Brand herumgesprochen und Schaulustige angelockt. Interessiert beobachteten und kommentierten die zahlreichen Zaungäste die Bemühungen eines Feuerwehrmannes zur Eindämmung der Flammen.

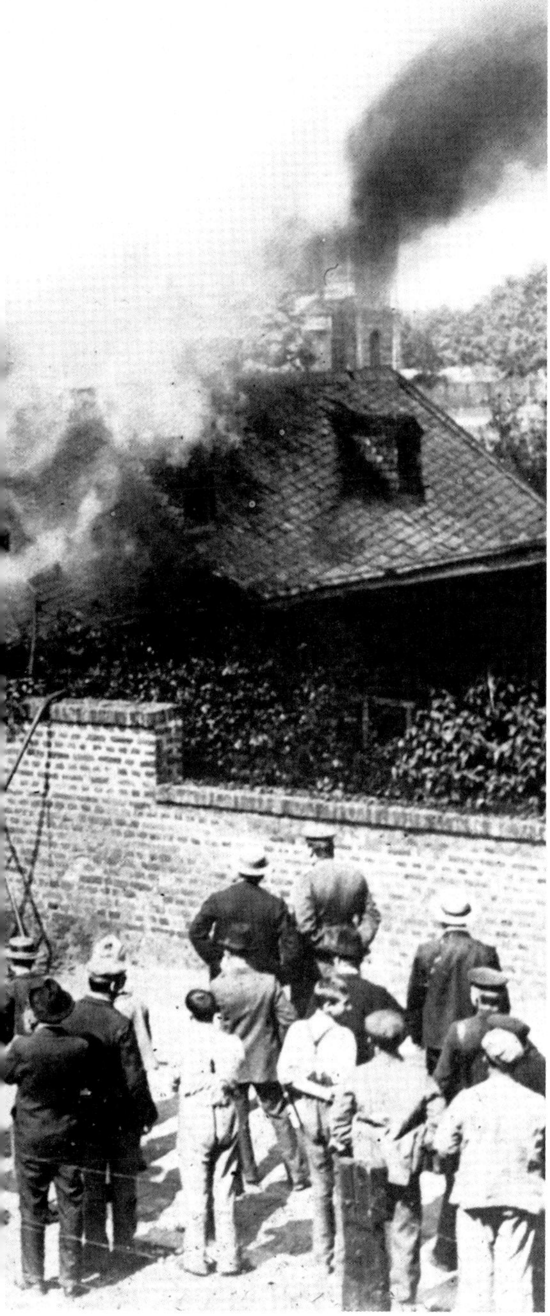

Foto Seite 30/31: Im Süden von Bonn liegt am Fuße des Michaelsberg die Gemeinde Godesberg. Im Zentrum der um die Jahrhundertwende entstandenen Aufnahme steht die Ruine der Godesburg, in der man bei ihrer wenige Jahre zuvor erfolgten Restaurierung eine Gastwirtschaft eingerichtet hatte. Unterhalb der Ruine liegen die Michaelskapelle und der Burgfriedhof. Weite Teile des Gemeindegebietes sind noch unbebaut, doch Godesberg erlebte in diesen Jahren einen rasanten Aufschwung. Unter der tatkräftigen Leitung von Bürgermeister Dengler entwickelte es sich zu einem Wohnort insbesondere für wohlhabende Rentiers, die hier vor der grandiosen Kulisse des Siebengebirges ihre Villen errichten. Erst 1969 wird Bad Godesberg – zum Unwillen vieler seiner Bewohner – nach Bonn eingemeindet.

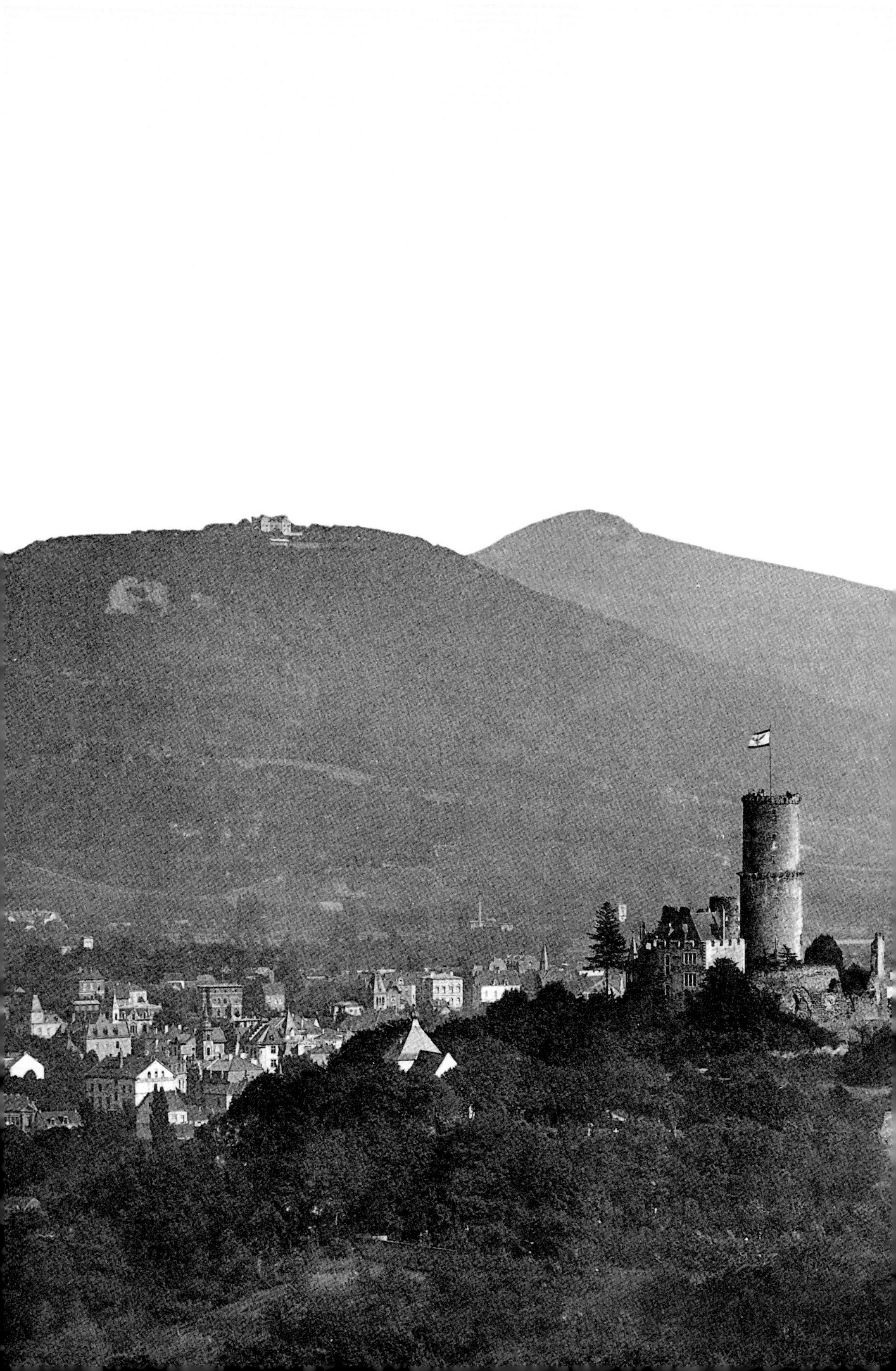

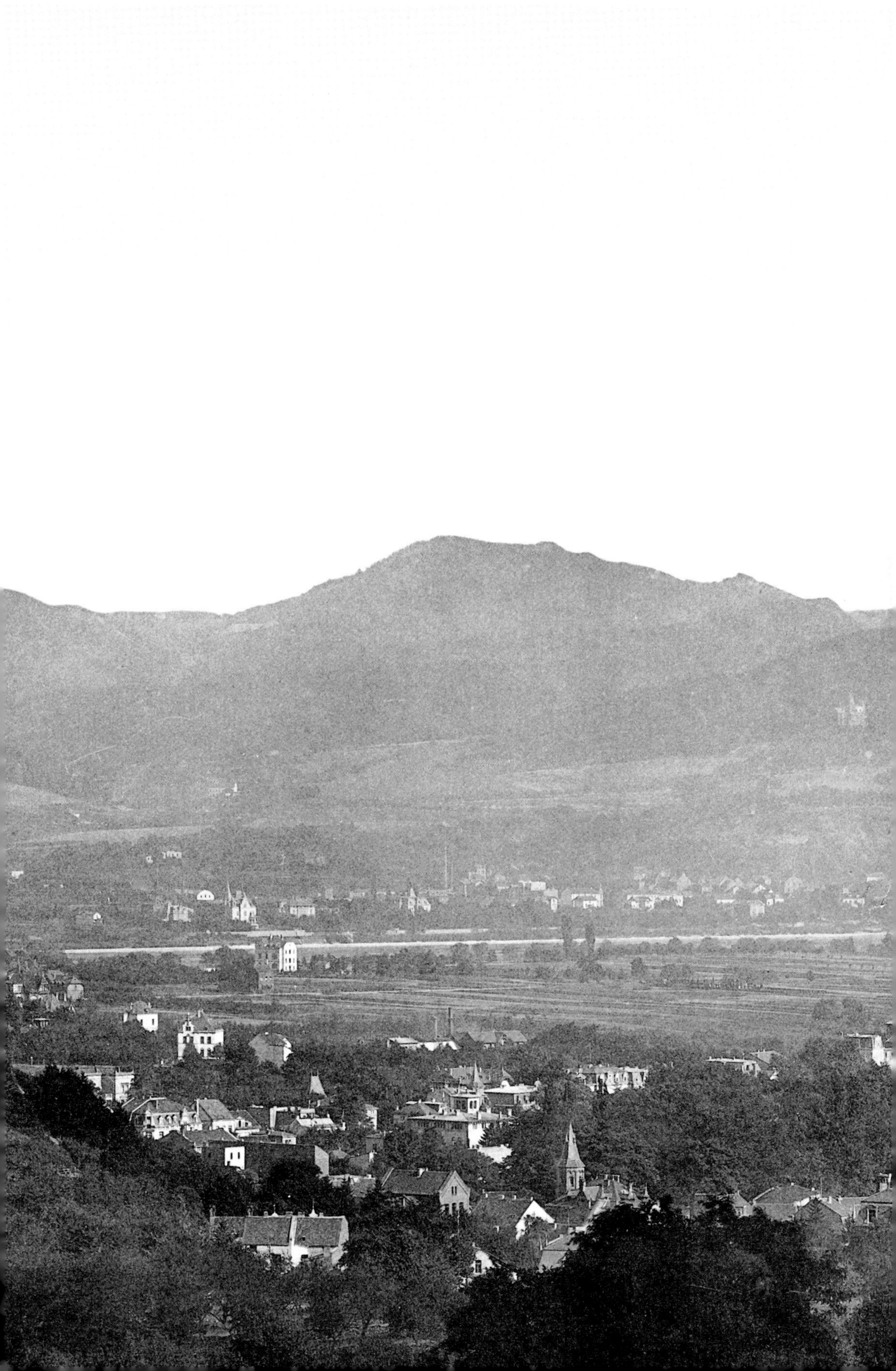